客家美學散論
Essays on Hakka Aesthetics

賴文英◎著

《客家語文叢書》
總序

　　一個族群的歷史敘述，與他們對自己有沒有信心有極度的相關性，有信心才會有目標，有共同目標，才會團結去追求族群的理想。客家人不管遷徙到哪裡，都是當地的「邊緣人」，因為客家人安身立命，都採取「大分散，小聚居」的營生方式，所以不管在政治經濟的主導、或者對歷史正統、文化特色的表現，總是躲在各族群後面，所以沒多少人知道他的身邊有許多客家人。

　　為什麼會這樣？除了生活採取「大分散，小聚居」的生活方式以外，客家人在大部地區都是少數，最終都被其他大族群融合而轉化成別個族群。另外最致命的就是不能清楚講出自己族群的歷史，反而大家相互表態說自己是中國北方遷來江西福建廣東生活的中原人士。自稱是中原人，只是為了講給別人聽講給自己聽了爽快的自卑心理所造成的，很難改變。雖然近兩十年來，有部分研究者指出客家人不是中原遷徙來的，而是由一向住在廣東福建江西的本地苗瑤畬族人（古南越或山越）轉化而成。不過，這種講法的聲音很小，知道的人不多？最糟糕的是有些人還批評這種說法是「歷史

虛無主義」。結果,客家歷史源流到現下還沒有定論。

　　客家人對自己的歷史都還沒搞清楚,所以客家族群就沒有信心沒有目標,大家四分五裂各打江山,結果在哪裡都是邊緣人、隱形人,繼續過著「大分散,小聚居」的生活,慢慢地,客家人就這樣消失了。

　　在這個變動不居的時代,有關客家歷史淵源的研究,不能只靠歷史文獻或者社會調查田野調查,就想要釐清客家歷史。試想這麼複雜的客家歷史,要如何去正本清源,如何使歷史真相定為一尊?我認為最重要的是要從客家文化研究入手。

　　這裡說的客家文化是和文明對立的:「文明」是追求物質性、普遍性、實用性的現實生活條件,「文化」是追求精神性、獨特性、理想性的恆久精神生活條件。所以,研究客家文化是精神層面的永恆性的價值,要從客家文化的「獨特性」為核心,一一去做分析比較研究,才能看清楚客家文化是具有哪種特色的文化?才能領悟出,到底客家歷史文化是中原下來的還是廣東本地轉化出來的。因此要找出客家文化的「獨特性」,才是今天客家研究的第一課題。也就是說客家研究要從客家語言、客家文學、客家宗教信仰、客家民情風俗、以及客家民謠歌曲戲劇等等文化層面,去找出客家與其他族群不一樣的地方。尤其客家歷史當中,哪些「人」是客家人的祖先?哪些「話」是客人的祖語?哪些「神」是客人的祖先神?哪些「習俗」是客人祖先過的生活?哪些信仰是客家祖

先的信仰？也就是說客家研究裡面的精神性、心理性、內在性、特殊性的元素，利用這些獨特性的元素去看客家歷史，去面對真正的客家歷史，大家才能有目標有信心去創造客家的未來。

中央大學出版這套客家語文為中心的叢書，是因為語言是文化的載體，任何族群，沒有他的語言就沒有他的文化。所以叢書出版最主要的目標，就是要建立客家文化歷史的真相，要從客家文化的「獨特性」為核心，採用語言文學、民謠戲曲、風俗信仰等等角度，來做深層的客家精神、客家特色、客家歷史的研究。中央大學是全台灣最早成立客家學院的大學，也是一直維持客家為中心的學院，院內不管博士、碩士、碩士專班、學士學位的系所，名稱全部掛著「客家」兩個字。

掛著「客家」兩個字，就表示你的獨特性，要不然就不必成立客家學院。這二十年來，客家的獨特性，常常惹來不了解客家的人質疑，連客家學院內，也經常有人想要把系所名稱的「客家」拿掉。之所以會這樣想的人，是因為不了解客家文化存在的意義就是他的獨特性，以為去掉「客家」兩字，就可以招生容易發展順利。像其他大學與客家有關的系所，為了招生和發展，系所不敢掛「客家」兩個字，時時就準備廢掉客家學院，這是執事者的見識淺薄、定見不足所造成的。所以，有些執事者被人說長論短批評幾句，就改變成立客家研究學院的原始目標。假如大家都用這樣的膚淺薄弱的立場

來辦學,那乾脆停辦客家研學院算了。教育是百年樹人的工作,培養人才是只賠不賺的事業,怎麼可以用有沒有賺錢來當做辦學的標準。賺錢不賺錢那是做生意的商業理念,教育不是做生意,怎可用如此現實利益考量的方式去辦學。

　　二十年來,中央大學站在研究保存客家文化的理想,一直默默地做賠錢工作,堅持培養優秀的客家文化研究與教育人才。這次更為難得,想要集合國內的客家研究力,希望出版一系列有客家文化「獨特性」的著作論文,提供社會各界有心研究推廣客家文化的先進參考,也希望通過這些著作論文做「種子」,提醒大家去了解客家文化是什麼?了解客家研究是什麼?甚至了解真正的客家歷史是什麼?最後希望客家不要再過大分散小聚居的生活了。

國立中央大學客家語文暨社會科學學系
榮譽教授

開場白

就這樣靜靜的做著一件事情
沒有太多的吵嚷紛擾
只有沉醉與享受
也許是和風的對話
和山的對話
和自在的對話
又也許只是和不同類型的文字在對話
以及和那個流浪在他方的你在對話

從客家角度思維美學，提升美感的層次

本書收錄了作者十八篇美學類作品，含創作類十一篇、研究類七篇。創作類七篇於《美育》刊出，兩篇刊於《客家文化季刊》、《桃園客家》，另兩篇為客語寫成之客家文化紀實，刊於電子報；研究類一篇於通識學報刊出，三篇於研討會發表，一篇於《國文天地》刊出，一篇收錄於研討會會後論文集。時間橫跨2009年～2024年。內容上含括繪畫、繪本、文學、美學、教學、音樂、語文等等，其中十五篇，具客家文化於其中。

目　次

開場白　　　　　　　　　　　　　　　　　　　　　　7

壹、創作篇

教學也可以很彩色　　　　　　　　　　　　　　　　13
從美學觀點談文學欣賞　　　　　　　　　　　　　　31
美的對話　　　　　　　　　　　　　　　　　　　　49
速寫花的婉約　　　　　　　　　　　　　　　　　　57
中西繪畫：畫犬或畫鬼易？　　　　　　　　　　　　63
我的繪本故事　　　　　　　　　　　　　　　　　　75
打開視覺的窗：看見客家建築美學　　　　　　　　　85
躲在田野鄉間的山牆馬背　　　　　　　　　　　　　89
繽紛客家‧新屋我庄　　　　　　　　　　　　　　　97
文化資產之美：海洋客家文化　　　　　　　　　　103
文化資產之美：客庄八本簿　　　　　　　　　　　107

貳、研究篇

客語繪本的創作與應用：兼談在地繪本的開發　　　115
環扣鏈結策略與客語繪本共讀淺談　　　　　　　　125
海洋生態美學融入客語繪本情境對話式教學策略研究　143
詞彙語法結合主題性客家文化教學策略研究：
　　從鳥類、花卉、海洋生態繪本談起　　　　　　167

臺灣流行語構式類推的文化效應　　　　　　　183
客家山歌中的同音雙關　　　　　　　　　　193
臺灣當代客家流行音樂初探：論結構上的平面之美　215

後記　　　　　　　　　　　　　　　　　　　235
引用書目　　　　　　　　　　　　　　　　　237

壹.創作篇

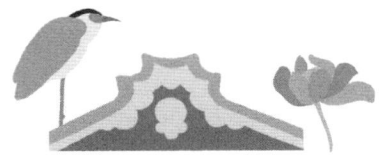

教學也可以很彩色[*]

「美」可以教嗎？

　　語言本就是一種文化資產，各族群或因思維方式不同，加上認知也不同，因而語言的結構也不相同。抑或如薩皮爾－沃夫假設所說，語言結構會影響人們對社會的思維模式，[1] 也就是說，語言、思想和具體的社會之間具有某種共生的關係。各個族群的語言文字各有其「美」的地方，在語言教學的時候，如果過於制式化、體制化，學習者往往會失去對語言產生一種自發性欣喜的品味能力。例如，臺灣的教育普遍過於重視升學主義，不論教英文課或所謂的「國語文」課，其實均以升學為目的導向，因而傳統的英語教學過於行為上的「刺激」－「反應」，說的就是學習者跟著老師唸誦、練習，以及文法上的制約學習，忽略了學習者情境方面的學習效能，學習者便不容易對語言投射出鑑賞與創新的能力，更

---

[*] 本文初稿發表於2014年〈教學也可以很彩色〉，《美育》。第198期，頁59-65。
[1] 參見Holmes（2001：323-324）。

何況要從語言當中找出文字語言的美。

　　李澤厚（1996：114）提到義大利文藝批評家克羅齊（Benedetto Croce, 1866-1952）說過語言本身就有美學的因素，可是講熟了，成為機械性的自動反應，便失去這因素了，同時也提出日常語言常常把豐富的生活經驗和感受僵化、固定化和割裂化，語言越發達、抽象語彙越多，這一點就越突出，我們之所以感覺少數民族語言具有豐富的形象性、比喻性，或是因感覺其新鮮並富有詩意。也許這就是我們在寫詩或品味一首好詩時，往往會將其敘事反常化、去熟悉化，讓詩與我們產生某種距離感，因為如此才較容易產生一種新鮮而富有意涵、韻味的詩。

　　每個人從小都具備「美」的因子，只是這因子通常還需透過一些媒介才能將其啟發，「教育」將是最好的媒介，尤其透過從小到大的語言學習課程，以「不知不覺」的方式，藉由學習語言而習得「美」的概念，啟發每個人在本能中本就具備的「美」的因子。我們將從色彩中美的觀點，並結合文學教學來看看可以如何實踐美學教學、語言教學，雖然下面以華語的例子為主，但也參雜著客語、閩語、英語、日語等例，以比較族群之間顏色詞當中的詞彙文化特色，語言教學中透過不同族群語言的比較將更擴大學習者的視野。

色彩中的美

　　不同的色彩可以帶有不同的象徵意涵，例如「紅」可以是熱情，但也可以血腥，抑或是多刺的玫瑰，端看人們對不同類的紅，以什麼樣的方式形成了具有共同含義的認知概念。朱光潛（1984：149）便提到了不同類型的紅，如「花紅、胭脂紅、人面紅、血紅、火紅、衣服紅、珊瑚紅等等，紅是這些東西所公有的性質。」

　　人們對於顏色所表示的象徵性會隨著認知上的不同而改變著，而且可以形成一種共同象徵性的能力，從顏色的本質來看，有暖色系與冷色系之分，因而不同的色彩帶給人們的觀感就會有所不同；但有時因社會文化背景因素，也會影響顏色語詞象徵意涵的變化，故同一顏色或有兩極化的觀感，例如「紅」的喜氣與血腥，前者極具暖色的吉祥性，後者則與不吉祥的血光有關；「黃」的九五之尊與色情，前者因中國皇帝龍袍為黃色，代表帝王之尊，後者因西方電話簿中黃色頁面的色情代表而形成的象徵；「藍」的蔚藍與憂鬱，前者給人天空或大海蔚藍般的心情舒暢、開闊的感覺，後者則給人心情鬱悶的感覺，完全的兩極化。「藍」雖為冷色系，但因著大海藍天與蔚藍天空的開闊，可以是正向情緒顏色的代表，相反的，據說西方民謠當中有個「藍魔鬼」（bule devil），他是極度憂鬱的代表，推廣開來，藍色便成了「憂鬱」的象徵。當然，顏色與顏色之間可依照不同的比例而調配出不同

的色彩,這與調配者的功力有關,往往一種想望美好顏色的調配,若一次就成功,後來再重新調配時,則不見得可以調得出先前中意的色彩。

　　南齊謝赫提出繪畫理論的「六法」概念,用以作為衡量繪畫作品高下的標準,其中第四法為「隨類賦彩」,說的是畫作所賦予的色彩變化可以決定一件作品的優劣成敗。一座美麗世界的形成常是由色彩、空間、線條組合而成,而「色彩」的產生則是源自於光源,因著光源的變化而有不同的色彩變幻。在西方繪畫體系之下,傳統繪畫著重在室內對象物體的明暗關係,但在十九世紀的印象派(Impressionism),其作品則結合自然界的光影而創造了豐富性的色彩效果,這種畫風在當時是大膽而前衛的。印象派的命名起自於莫內(Claude Monet, 1840-1926)於1874年展出《印象・日出》作品,此作品尤著重於光影的改變,其色彩則具有自然環境色的柔和之美,具現代繪畫色彩造型上的變革。在荷蘭後印象派畫家梵谷(Vincent Willem van Gogh, 1853-1890)的作品當中,其色彩的運用則更大膽,甚至造成視覺上的衝突,甚而給人一種壓迫感,抑或喚起對於生命的熱情,例如豔黃的《向日葵》、豔黃加暗藍的《星夜》、豔黃加詭異黑藍的《有烏鴉的麥田》。米羅(Joan Miró, 1893-1983)為二十世紀的超現實主義畫家,作品特色在於其畫面常是由不同運動型線條形成了大大小小區塊的形象,其形象在抽象之中又帶有現實感,甚至是現實之外的一種異想世界,例如《哈里昆的狂歡》一畫,

在區塊當中由精雅色彩來布局,包含區塊的藍、區塊的黑、區塊的紅,點點式的黃、紅及其他顏色,背景大片沉穩的色彩,加上黑、白弧線式色彩的營造飄揚於畫面之中,極富於夢幻性,形成了一座具有超脫現實的空想與幽默的世界;室內為熱鬧的狂歡,但卻是由一些生活周遭的玩意兒所主導,玩意兒則是由不同線條所構成的不同形狀,加之色塊、線條色彩的經營,更顯得人類在畫作上的角色反而是莫可奈何的獨自悲哀著。

相對於西方繪畫重於色彩的變化,中國傳統山水國畫則以墨色為主,但墨色濃淡的運用卻也顯現出色彩的層次感,尤其在元朝畫作之中以墨色呈現出畫與人對話之間的有我之境,著重於精神層面的捕捉。張彥遠《歷代名畫記・卷二》曾論及山水畫的特質:「草木敷榮,不待丹綠之采。雲雪飄颺,不待鉛粉而白。山不待空青而翠,鳳不待五色而綷。是故運墨而五色具,謂之得意。」此便說明自然色彩甚於人工著色的重要性,而運用墨色的濃、淡、乾、焦、濕等等即可呈現出自然的色彩。

我們的色彩語言

「原色」(primary colors)指的是無法透過其他顏色混合而調配出的基本顏色,例如,紅、黃、藍是色料中的三原色,亦稱為「基色」,由此三色而調配出其他的顏色,這是就

色料的本質來說的。就族群來說，各族群各有各文化認知上的「原色詞」，假若這世上的民族有的只有兩種原色詞，通常為黑色與白色，若有第三種原色詞則通常為紅色，因為黑、白、紅是最易於識別、區別的顏色，其原理有點像是語音學當中的三元音系統，i、u、a，此是因這三個元音在發音時，舌位、唇形的區別性最為顯著，但這均是一種普遍的原則，而非絕對。

　　日本民族中存在著四個核心原色詞：赤（紅）、黑、青、白；漢民族則有五個原色詞：黑、白、朱（紅）、青、黃，但早在春秋戰國時代的荀子即提出「青取之于藍而青于藍」的藍色觀念；朱光潛（1984：307）提到根據近代學者的調查研究，許多野蠻民族的語言中只有紅、黃二色而少藍、青二色，或因原始民族不很注意青、藍二色，所以沒有替它們起名字；客家族群語言中也是有五種原色詞，其正統的色彩名稱則分別為「啾紅」、「浸青」、「淰黃」、「黭烏」、「蓬白」，前一詞素均為一種程度副詞以修飾後頭的顏色詞素，這五個詞均很難以華語的某個詞來對譯。因為「啾紅」像是一種「大紅」（客語另有「大紅」的說法），但這種紅是會讓大眾人士極為喜愛的一種很紅的紅，是一種很美麗的大紅色；「浸青」為一種令人極為喜愛非常青的青色；「淰黃」是一種令人極為喜愛非常黃的黃色；「黭烏」是一種令人極為喜愛非常黑的黑色；「蓬白」是一種令人極為喜愛非常白的白色，若相應於其他顏色詞的說法，則更覺這類顏色詞的說法均帶有

極高的美感層次，抑或相當於華語對相關顏色的形容對應，如：綠油油、黃澄澄、紅彤彤、白皚皚、黑黝黝等等。語言結構中常具有反義詞，「啾紅」的反義詞便是「死紅」，這種紅也是非常的紅，但是紅到令眾人產生反感，因而客語以禁忌的「死」字來呈現這種令人厭惡的紅，其語義或為反感，但構詞方面卻因字詞結合的運用而具有一種反差上的構詞美感。漢民族或客家族群當中的「青」，其實是包含現代人劃分的「藍」與「綠」兩種顏色，從客家「藍染」文化層面來看，它是從植物當中萃取「綠」汁液的成分，後經氧化而變「藍」，因而「藍」、「綠」本為一家。客語當中其他非正統顏色詞的命名則取自事物的意象，例如紫色因茄子的顏色命名成「茄仔色」、「吊菜色」；灰色不是直譯就是因近於老鼠的顏色而命名成「老鼠色」；似於黃金的「金色」；與膚色相近的「肉色」；像豬肝棕色的「豬肝色」；以「甜粄色」為淡褐色，但「赤」若用在牛隻的「赤牛」時為黃褐色，用在人日曬後形容膚色的「赤赤」則為紅色；另外也以「紅啾啾」來形容物體顏色很紅的樣子；「烏黚紅」則是深紅色。

　　傳統國畫對於顏料的命名有其獨特的方式，鈦白／白粉、赭石、花青／石青、石綠、藤黃、硃砂／朱砂、孔雀藍、胭脂等等，當然，每一種顏色又另外細分出不同的次級顏色。其中花青與赭石則是騷人墨客常用的顏色，尤其花青是一種諧和的顏色，與赭石可調配成不同層次的茶色，與胭脂可調成紫色，與白粉、胭脂可調成藕荷色，與藤黃可調成不

同層次的綠。「白」代表五行中「金」的顏色,「鈦」為金屬元素之一,帶銀灰色光澤,因而有「鈦白」之稱,「白粉」本指白色粉末狀的顏料,但今漸成毒品的代名詞,因而漸漸少以此詞來指稱白色;「赭」的古義本具有紅褐色的泥土之義;「石」具有由礦物集結而成的堅硬塊狀物之意,早期國畫顏料的質地均為礦物,後來才有管狀近於液態黏稠性的顏料;「藤」指海藤樹,刺破樹皮時,會有黃色樹脂流出,即為「藤黃」,可製作成黃色的顏料。「朱砂」為水銀與硫黃的天然化合物,色深紅,「朱」本具大紅色之義,「恨紫奪朱」正是說明「朱」正統紅色的地位,但「朱」後來的語義則演變為比大紅稍淺的紅色,即今人稱之的朱色;另外「胭脂」為紅色系列的化妝用品,後或以此詞用於繪畫中的紅色。

同性質的顏色與顏色之間具有一種漸層性,因而有所謂美麗的「彩虹」,「虹」是大氣中的水滴經日光照射後,發生折射或反射作用而形成的弧形光圈,由外圈至內圈呈紅、橙、黃、綠、藍、靛、紫七種顏色,並延伸出「七彩繽紛」一詞以形容色彩繁多、華麗耀眼。

從文學看見美麗的色彩

文學作品當中本就帶有「美」的因子。語言當中的顏色本為形容詞性的,但形容詞與動詞之間常可轉換使用,運用在文學作品中或可收驚人的動態美學效果,例如,宋朝文學

家、政治家王安石在〈泊船瓜洲〉一詩中之一句「春風又綠江南岸」，據說「綠」字前後改了好幾次才滿意定案，「綠」不僅以動態方式傳達出景色的綠意盎然，更隱含著原本離鄉的思鄉之情因著「皇帝」（春風）的恩賜而使得王安石得以欣喜的回京，此便是「綠」動詞又兼帶形容詞性的文學與美學方面的動態性效果。宋徽宗趙佶善於繪花鳥，他曾出過一考題來考畫家：「嫩綠枝頭紅一點，動人春色不須多」，結果許多人畫出了在一片綠意中帶出紅花之點，但最終得到第一名的則畫出在綠樹成蔭的閣亭中，一仕女倚欄而望，只櫻桃小口的一點紅與嫩綠枝頭相互映襯，點出「紅一點」的主題。一首詩中有畫面，有簡單而動人的色彩交織成一幅美麗而感人的景色，殊不知更有賞詩之人有能力加以活化詩的意境，這便是畫家在創作時，面對相同的物件，因體認不同而有不同的畫面呈現，這也包括每個人在「美」方面有不同的想像力、敏銳性與鑑賞力。

　　張愛玲小說當中對人物五官及其衣著妝扮、家居陳設、景物等等，也都具有豐富色彩美學的體現，色彩的描寫彷彿道出人物角色的特色、處境或想望，似乎也道出一幕幕「悲涼」故事性的畫面。例如「紅」與「白」不過是極為簡單而中立的單音節基本顏色詞，在短篇小說〈紅玫瑰與白玫瑰〉中，透過玫瑰的嬌美與多刺、紅白之間的對比，以及紅給人熱情、白給人聖潔的感覺，以形容男主角生命中的兩個女人：「一個是他的白玫瑰，一個是他的紅玫瑰。一個是

聖潔的妻，一個是熱烈的情婦。」似乎也註定了這兩個女人悲涼的命運。巧妙的是當紅玫瑰以嬌豔的姿態登場時，作者以一系列的綠來形容女子以襯托紅玫瑰盛開的感覺：「她穿著……，是最鮮辣的潮濕的綠色，沾著什麼就染綠了。……，彷彿她剛才所佔有的空氣便留著個綠迹子……，用綠緞帶十字交叉一路絡了起來，……」接著以萬綠叢中一點紅的手法來突顯女子的嬌豔、刺眼與挑逗，及其帶給男主角心理情慾層面上的不安：「露出裏面深粉紅的襯裙。那過分刺眼的色調是使人看久了要患色盲症的。」當後文描述了紅玫瑰凋謝、顏色褪去之時，作者仍以豔麗的顏色來形容該女子，但顏色少了許多的生動感：「塗著脂粉，耳上戴著金色的緬甸佛頂珠環，……。」但因為該女子已是中年的女人，胖到癡肥的程度，這些豔麗的色彩在作者筆下也就變得俗豔了，前後兩極化的對比，也構成了紅玫瑰最後晚景淒涼的命運。

再如張愛玲短篇小說〈傾城之戀〉中，有一段描寫一個配角印度女人西式時髦的穿著打扮，和色彩有關的部分：「漆黑的長髮，……。玄色輕紗氅底下，她穿著金魚黃緊身長衣，……，只露出晶亮的指甲。……。她的臉色黃而油潤，像飛了金的菩薩，……。粉紅厚重的小嘴唇，……。」文末這位印度女人再度出場時，張愛玲對同一人物的敘述則明顯少了色彩，剩下的只是暗然顏色的鋪陳：「黃著臉，……，身上不知從哪裏借來一件青布棉袍穿著，……。」形成了前後風光與

不風光之間的對比。同時我們也可以看到作者以「長長的兩片紅胭脂」來指稱「光豔」伶人的雙唇，與之前印度女人相較，都是形容嘴唇，但韻味感覺卻有所不同，前者帶有一種貴重的亮麗，後者則帶有一種光豔的亮麗，當然這和角色的設定有關。另有一小段約422字，一段落便出現了15種和顏色有關的語詞，分別描述了空間中光的感覺，如「堂屋裏暗著」、「透進兩方黃色的燈光」、「朦朧中可以看見……」、「在微光裏」；家居陳設，如「青磚地上」、「紫檀匣子」、「琺藍自鳴鐘」、「綠泥款識」、「硃紅對聯」、「金色壽字團花」、「墨汁淋漓的大字」；人物五官的描寫，如「新的明亮的眼睛」、「新的紅嫩的嘴」；甚而時空背景下的色彩，如「硃紅灑金的輝煌的背景」、「一點一點的淡金便是從前的人的怯怯的眼睛」，這一段乍然像是編織成一幅色彩繽紛的世界，但實際上卻營造出單調與無聊、青春流逝的女人的人生。張愛玲描寫人物的形象可說是一絕，空間感的陳述也是一絕，尤以空間感透露著時間的流逝與人物的悲涼，好比「單身坐在黑沉沉的破陽臺上」來形容人物或場景的落寞；甚至還以色彩來形容聲音，如「聲音灰暗而輕飄」。

　　在生活周遭當中，「顏色」或「色彩」雖是一種視覺上的觀感，但在文學作品當中巧妙運用色彩學的觀點，則可以令一部文學在視覺之外的聽覺、觸覺、感覺等等，均極具有色彩美學的特質。

學語言也可以很美、很文學

　　教語言時不見得要依傳統八大詞類（甚而更多詞類）的模式來教學，也可以依詞彙語義上的共通性來教學，例如在教「顏色詞」時，便可結合文學的角度、美學的角度來做一串連。課程的安排原則上可從色彩上的美做一概念的介紹以導入語言當中有哪些顏色詞，包含基本的原色詞與其他顏色詞的命名特徵，或做一語言之間的顏色比較，這樣學生不單只是學語言中的顏色詞，還可以學到色彩美學概念，也可以瞭解何謂「原色詞」以及各族群間對顏色詞命名來由的詞彙文化意涵。瞭解到基本的美學概念並學習到基本有關的語言詞彙，進而便可選取合適的文學作品，將有關的顏色詞做一整理，學習者學習到各類顏色詞的表達，也學習到與顏色詞有關聯的其他類型詞彙與語法的用法等等。從文學作品教學當中學習到語言、美學，抑或從語言教學當中學習到文學、美學賞析，均不失為一舉數得的好方法，董崇選（1990）提到文學教學與語言教學結合應用的效益：「文學教學當然是以提升學習者的『文學智能』為目標，是要培養有能力閱讀、鑑賞、或批評文學作品的讀者，與有能力創造作品的作者。可是傳統的文學教學往往側重在講述作品的時代背景，引介作家的生平事蹟，與討論作品的道德或哲學主體等，對於作品的語言結構與文字美感往往沒有深入的涉及。」所以在教學語言或詞彙時，如何結合相關領域的學科背景以收學習的擴

張效應,在語言教學時則可以好好來思考。以顏色詞來說,結合美學、文學的教學方法,其擴展開來的文學與美學效益將是收事半功倍之效,不但學習者在潛移默化之中培植賞析文學或對於美的鑑賞能力,也有助於語言文字的創作,抑或在不知不覺的生活當中讓自己使用的文字更加活化、活用,以及對事物的觀察更加敏銳,畢竟生活周遭眼睛的所見均與「顏色」息息相關。

語言有所謂的「學習」(learning)與「習得」(acquiring)之分,前者是在特定的環境當中透過某種教學方式以學習到標的語言,後者是在生活環境當中透過自然而然的方式以習得到母語或生活中最常用的語言。但生活當中要透過自然而然的方式以習得到美學概念或有困難性,雖說每個人都有「美」的因子存在,但這些因子通常需要透過「啟發」才能讓其發揮出最大的效益,既然我們從幼稚園到大學都有不同語言的語言學習課程,故而最好的方式便是不時的透過各種語言教學,以漸層導入法來習得或學習美學與文學,如能持續如此,套一句俗話說,我們的人生將會是「彩色」的。

最後我們以張愛玲在〈傾城之戀〉中形容「野火花」的顏色為教學的範例,她形容花的紅具有一種漸層性美感的表達,從女主角在黑暗的夜色中問:「是紅的嗎?」男主角回答:「紅!」開始,女主角心裡的直覺是「紅得不能再紅了,紅得不可收拾,⋯⋯,把那紫藍的天也薰紅了。」「紅」本為一個中性的詞,純粹形容一種紅色,但加上驚嘆號的「紅」則

具有令人驚豔的紅，一句「紅得不能再紅了」本就足夠形容「很紅」、「非常紅」的程度了，但透過前後句均表程度補語句式「V得CP」的重疊使用，[2] 以得到程度加強的語義效果，故其後接一相同表程度補語的句式「紅得不可收拾」，則更具有「極紅」的意義，而這樣的紅在經過一陣思索後，似乎還不足以形容這樣美麗的紅，在最後一句「把那紫藍的天也薰紅了」，則把對於一種極為美麗的紅讚嘆不已。對於紅的描述：「紅！」→「不能再紅」→「不可收拾」→「薰紅」，其文字與美學意象的層次感是非常豐富的。在臺灣閩南語當中也有「紅記記」[âng-kì-kì]、「紅絳絳」[âng-kòng-kòng] 來形容顏色極美麗的紅彤彤顏色。[3] 閩、客語當中對於顏色的漸層描述有時則透過重疊構詞來加強紅的程度，例如「紅」（紅）、「紅紅」（比紅稍紅）、「紅紅紅」（很紅、極紅）。在教學時，對於「紅」或其他顏色詞的學習，即可透過漸層的方式，從簡單的單音節到重疊結構的學習，若華語無閩、客語方面相同的顏色重疊構詞時，[4] 或以程度副詞加顏色詞為基礎，如「紅」→「紅紅的」→「很紅」→「非常紅」→「極紅」，基礎學會了便導向文學作品有關顏色詞方面的介紹與賞析，或

2　V代表動詞，CP代表補語。
3　語料參見「教育部臺灣閩南語常用詞辭典」線上版（教育部）。
4　華語即便無閩、客語有單音節三重疊式的構詞顏色程度表現，但在前面文章當中可看出，華語仍可藉由某種句式以重疊的方式來加強顏色的程度。

以前面所舉程度補語句式「V得CP」為例，進而讓學習者以此句式實作練習，甚而自創其他形容性或程度性的句式，同時學習將紅的層次感以漸層方式呈現出來。這些實作學習對學習者來說，不僅學習到基本顏色詞的語言本身，也學習、瞭解到文學作品及其透視出的色彩美學特質，藉由賞析與練習過程，學習者也會在不自覺當中培養美學的鑑賞能力與語言創作的能力，因而也賦予了語言文字美學的價值。

「美」該如何教？

在功利主義掛帥的社會當中，臺灣教育的模式也總是走向以「升學」為標的的教學方向，雖然教育政策一直導向多元學習的觀念，但考試制度長期以來的變革卻似乎讓更多人無法適從，家長、媒體、學校也都不約而同形成了某種社會傾向，認為就是該讓小孩受「好」的教育，但「好」的教育內涵究竟應該為何呢？多數人則還具有認為讓小孩讀「明星」學校就是「好」的教育。試問有多少家長、學校可以不擔憂學生的「成績」？這就是我們社會當中普遍存在的一個迷思。當人們制式化、體制化的去學習一些所謂的知識時，他往往也會慢慢的對生活周遭一些有趣的、美麗的事物失去興趣或敏銳度不足，遑論在生活中感知美的事物，並對其具有美的鑑賞能力。

這篇文章先就「色彩中的美」提及顏色對於人在生理或心

理、文化層面的觀感，並以不同類型畫作來呈現顏色在其中的含義；接著在「我們的色彩語言」中，從色彩學中的「原色」與不同民族文化背景中的「原色詞」作為介紹基本顏色詞的開始，並從國畫使用的顏料色彩命名來加以延伸顏色詞的概念；進而在「從文學看見美麗的色彩」，分別從詩的觀點與張愛玲的短篇小說當中，分析其顏色詞的運用，以及顏色詞如何活化了文學的美學價值。最後我們在「學語言也可以很美、很文學」當中，說明顏色詞結合美學、文學的教學方法，對學習者在文學與美學方面的賞析能力將收事半功倍之效，並以張愛玲〈傾城之戀〉中對於「紅」顏色的比喻作為教學例，同時比較臺灣閩、客語語詞相關的用法，以增進學習者對於顏色詞的認知與使用的視野。

　　生活中對美的鑑賞力應該從小即開始培養，以潛移默化的方式深植於人心，但最有成效的培養媒介可能還是在於教育，教育不單單在美學方面的課程才能接觸到美，透過實作與情境式的語言教學並融入美學的觀點將達事半功倍之效。

> **名詞方塊**

薩皮爾－沃夫假設

「薩皮爾－沃夫假設」（Sapir-Whorf Hypothesis）是由美國語言學家薩皮爾及其學生沃夫所提出。沃夫原為一消防隊員，認為大部分人對標有「危險！」的整桶汽油會感到害怕，但對不標有「危險！」的半桶汽油則不會感到害怕，由此更易釀火災。此假設主要說明語言結構往往限制住人們的思考方式。不過這種說法具有一些爭議。

母語

「母語」（mother tongue），本指「媽媽的話」，為一個人出生之後最先接觸、掌握到的第一語言。1951年，聯合國教科文組織對母語的定義如下：「母語是指一個人自幼習得的語言，通常是其思維與交流的自然工具。」在臺灣的居民，其母語分布約略有四：閩南語、客語、原住民語、華語。

從美學觀點談文學欣賞[*]

「美」在哪

　　「美」在哪？我們本應不自覺的在生活當中建構與啟發審美的觀念，進而在生活中實踐美，然而，透過「教育」的方式，將是審美與實踐美最佳的媒介。學校課程中可以有美學概論方面的課程，但美學其實可以融入或體現在不同的學科當中，以符合從生活中建構與啟發審美觀念的意義，而非只在特定的學科當中才可以對美產生思維的能力。

　　「美」在哪？「拈花微笑」為美，不但美於「拈花」與「微笑」的互動過程，更美在意境領悟的傳達過程。「蝴蝶」向來是美的化身，其美不但在於飛舞時的流線律動感，也美在其色彩的變化性，亦即具有藝術性的表現，但實際上更美在於蝴蝶的象徵性，包含靈魂、蛻化、自由。因蝶之美，透過創作者心靈的思維而再現融入於音樂、舞蹈、詩詞文學、繪畫等等的創作之中，例如「莊周夢蝶」，從語言結構來看，

---

[*] 本文初稿發表於2014年〈從美學觀點談文學欣賞〉，《美育》。第201期，頁55-65。

它只不過是很普通的「主語＋謂語＋賓語」的簡單結構，因戰國時期的莊周，其人本崇尚自然無為，而其夢境又讓自己幻化為蝶，遨遊於天地之間，呈現出何等逍遙自在的境界，因而在平凡結構中，見其不平凡的意境之美！藝術本就為語言的一種，美也是語言的一種。如何透過教育來培育人們的審美觀？這是美學教學或美學教育的使命；美學如何透過語言教學，使美感經驗巧妙的深植於人心，並於生活中，如何從美的事物觀賞到美的藝術氣息？可藉由語言教學與文學、美學教學共同結合的美學語言學觀點來達成使命。

何謂「美」

「美」常與「藝術」具連帶關係，兩者界限有時不易劃清，基本上，美為藝術的一個特點。每個人對於「美」、「醜」的認知或存在著不同的標準，而「不美」的東西也不一定就是「醜」，畢竟「美」是無法被框架住的，所以我們實無法為「美」下一個定義。康德（Immanuel Kant, 1724-1804）提及美感的經驗，認為美就在於「無所為而為的觀賞」（Disinterested Contemplation）。（引自朱光潛，1984：10）朱光潛（1984：236）也提到：「凡美都是『抒情的表現』，都起於『形相的直覺』，並不在事物本身。」例如，園丁鳥是鳥類中的建築師，雄鳥在求偶時會利用空洞以樹枝搭建小屋，還以色彩鮮豔的小物品來裝飾。園丁鳥建築的目的

是為吸引另一伴以求偶,以人類賞析的觀點看鳥類的建築則無關乎實用目的的求偶,但從一般鳥類的行為能力來看,園丁鳥的建築則甚具美感,有裝飾、有亮麗花朵的色彩,以及鳥兒精心的布置態度。

「美」可以帶有不同境界的層次,下面從內容反常化、去熟悉化、距離、意境之美等四方面來論。

內容反常化

從文學技巧,一件經典之作,通常要能體現敘事的反常化;從美學觀點,一件經典之作則通常要能體現內容的反常化。例如,「莊周夢蝶」時,莊周認為自己已幻化成自由自在的蝴蝶,夢中的他才是真實的他,反而不知莊周為何,直到醒後才發覺自己仍是莊周,由此而感慨人生的變幻無常。夢境的真實與人世間的虛假在「莊周夢蝶」中,體現出了一種不尋常的反常現象。敘事過於平常,或內容過於平常,也許就只是一件單調平凡的作品,較無法引起觀者在美學方面的共鳴。但「反常」若過之則會顯得突兀或標新立異,標新立異並沒有什麼不好,但它會考驗當代人能否適應或接受這突如其來的反常,好比西班牙著名畫家畢卡索(Pablo Ruiz Picasso, 1881-1973)開創了立體派的畫風,顛覆當時的繪畫風格,畢卡索從視覺經驗和感性認識的純美學走向理性、抽象的思維,將物體重新構成、組合,其作品呈現給世人不同的新感受。依當時的畫風來說,「立體派」的呈現,確實是相當反常

的，這種反常短時間之內或不為多數世人接受，但最終還是能被大多數的世人接受。其中的原因很多，一來畢卡索本身具有相當紮實的繪畫基礎，也或許他在創立體派畫風前即已成名，因而外來新事物對一藝術家來說，較能引起其新的思維觀念，也因此畫風的改變，不但不會影響到作品的美學或藝術價值，反而創造了新時代的風格。

去熟悉化

「去熟悉化」（defamiliarization）是由俄國結構主義學家史柯拉夫斯基（Victor Shklovsky, 1893-1984）提出的概念。他認為去熟悉化是一種文學技巧，使事物去熟悉化並增加形式的難度，使認知過程變難、更花時間，因為認知過程本身就是美學的目標，有必要延長這個過程，藝術是要體驗事物的藝術性，事物本身並不重要。（摘引自黃美儀譯文，2003：17）若美感的體會在於一種「形相的直覺」，那麼生活周遭熟悉的一切都可以為形相，人們都可以對其有所直覺，只不過這樣的直覺，通常非在常態的模式之下進行，因而將其去熟悉化，讓心靈處在一種愉悅的態度進行美的饗宴，例如在〈白雪紛紛何所似？〉中，其喻雪可比「撒鹽空中差可擬」，從個別字與義來看，都算平常之字，就文字結構來說，幾個平常之字組合在一起卻帶有不平凡的美感，但相較之下卻未及晉代女詩人謝道韞回應之「未若柳絮因風起」，一樣平常之字，前句美感消弱許多，後句在結構組合後，其

意境勝於前句千倍，令人讚嘆。「雪」和「鹽」都可以算是生活中熟悉之物，「撒鹽空中」不過是生活中平凡之動作，「柳絮」與「因風起」，個別看，不過也是平凡熟悉之詞，但「鹽」較「柳絮」更為熟悉，且「柳絮」具輕而飄的想像空間，因而後者在文字的組裝之後，就顯得更為非凡之作。這就是將生活中熟悉之物去熟悉化，因而帶出了意境上美感的一個實例。再如「莊周夢蝶」，其表層形式並無認知過程上的難度，字面義與字面結構的認知理解，均不需花費過多的時間，表層來看為一種熟悉化的表現，實際上其認知過程的難度在於對「莊周」與「蝶」意象或言外之意的理解，前者具「道」的哲學思維，後者具美與象徵的意涵，結合起來使其哲理中的美學價值益見不凡。

距離

朱光潛（1984：15-33）論美的觀點為一絕，他提到美感與距離的關係，基本上，無論是心理的距離抑或是視覺上的距離，不即不離、恰到好處即足夠。因為物與我之間存在了適當的距離，所以多了一份美感，零距離便不美了。好比身處於霧中的我們，因為沒了距離而多了危險並顯得慌亂迷失了方向，若是抽離於霧外的我們，則可自在欣賞輕煙似的薄紗，宛如夢境般依稀隱約的美感，這便是距離的美感。因而欣賞一件美的作品，常不能與作品靠得太近，靠近來看，無非是要著眼於技法，各區塊技法、顏色的觀察或也具美感，

但那只是片塊之美,無法是作品本身想要表達的整體之美,畢竟部分之美相加總不如整體美感呈現的影響力來得大。在適當的距離之下,較可見出作品整體欲傳達的意涵,也可見出作品在各種顏色、光影的融合之下,可能帶來的跳躍、律動,或另一層次整合性的美感。

意境之美

不管是淒楚之美、荒涼之美、純純之美、豪情之美、殘缺之美、柔性之美、剛毅之美等等,都是一種境界之美、意境之美。就像是北宋文學家蘇東坡之於人生之豁達、柳永之於人生之傷感,其實各有千秋,無法比擬,是因風格使然。藝術的表達、美的表達、文學的表達,其上乘之作,往往在於作品傳達出作品形相本身之外的意涵,也就是說,美的最高境界不在於事物的本身,而是藉由作品傳達出的意象,此意象需由觀賞者的心靈來體會,故而音樂有所謂的「弦外之音」、語言有所謂的「言外之意」。電影《刺激1995》(*Shawshank Redemption*),男主角在獄中時放著歌劇《費加洛婚禮》的片段樂章,主角寧可冒著受罰也要讓自己或他人徜徉在莫札特的音樂世界之中,音樂帶給人的感受或如「餘音繞梁,三日不絕」、「三月不知肉味」,縱使有許多犯人聽不懂也不瞭解歌聲中的語言之義,但似乎也都為其旋律傾倒了。男主角之後雖被送去禁閉室,但那兩個星期的他卻無比自在,只因有莫札特與他為伴,這便是一種音樂意境之美所

帶給他心靈上永遠留存的震撼與感染力。

美學語言教學

　　語言教學的目的，除了學習語言以交際溝通外，另一重要目的，是瞭解語言作為文化資產的重要性，進而明瞭人類心智的特性。因而語言教學可以結合文學，可以結合美學，可以融入文化的思維架構，可以結合某一專業領域，亦可綜合不同的領域來教學。我們在提及美學教學時，基本上涵蓋了文學教學，或其他領域的教學，並著重在以「美學」觀點，融入在語言或文學的教學之中。

　　美學涵蓋的範圍相當廣泛，一方面它和藝術也具密切關聯性，包含音樂、文學、繪畫、建築、雕刻、廣告設計、工藝作品等等，都帶有「美」的因子。尤其體現在「國語文」領域為文學教學，文學教學常和美學教學結合。文學賞析本身就帶有美感體驗，文字本身就兼具字面義與非字面義，如何呈現文字的組合（即文法結構）以帶給讀者除字詞之外美的悸動感，其中一種方式，便是將美學融入於教學之中。例如，客家有一著名的童謠〈伯公伯婆〉，其內容文句簡單又帶押韻，樂曲輕快活潑，即使是非客家人也容易朗朗上口，一般在教學或學習時，在歡樂的氛圍之下，通常掌握住會說或能唱唸就足夠了，但很多人在教授或學習時，往往不懂得此童謠文字背後所隱含的社會環境。詩句當中所反應的就是當

時刻苦的生活環境：試想「剉隻鴨仔」（殺隻鴨子）為什麼會「像蝠婆」（像蝙蝠）？「豬肉料」為什麼會「像楊桃」？明明就是要「請你食酒傍田螺」（請你喝酒配田螺），為什麼會「酒嗄無攇著」（酒卻沒有帶到）？在輕快活潑的樂曲背後，其實是反映了人們生活的困苦，同時也反映了當時人的樂天，其樂觀態度不會因為窮困而被生活所擊倒。因為〈伯公伯婆〉文字背後呈現的時代意境，更增添此首童謠的價值，不僅曲風、押韻、文字帶給人們童謠體式般的美感，瞭解文字背後的時代意義，更覺其樂觀態度的意境之美。

　　每個人都具備美感經驗的能力，只是大家或帶著不同的「審美標準」，大部分人所能感受到的美與所能實踐出的美，其實均極其微小。為什麼如此呢？雖有審美的能力，但多數人的美感經驗能力都尚未被啟發，因而他無法有效的將美學生活化。雖說「美」無所謂的標準值，或具時代性，或不具時代性，但它的經驗與價值標準，不免都還是會隨著時代環境的變遷而變動著，不然也就不會有唐明皇寵妃楊玉環，與漢成帝嬖后趙飛燕，一肥一瘦，各以此擅勝而並美的「環肥燕瘦」之稱了；不然也不會有荷蘭後印象派畫家梵谷於其在世時與過世後，其作品獲得褒貶的兩極化對待，難道梵谷在世時，世人的審美能力都被蒙蔽了嗎？還是近於同一時代的世人，在他過世後審美能力突然提升了嗎？藝術風格的時代變遷有時莫測高深，有時則具承先啟後的作用，梵谷鮮豔色彩畫風代表的是表現主義的先驅，因是「先驅」，故而

往往跳脫了當代人審美思維的框架，故其作品深受檢驗，檢驗成功了，梵谷的畫風也深深影響了二十世紀的藝術，只是他不如畢卡索那樣長命，可以在世時享有成功的果實。美學教育不該將眾人的審美能力框限於某一體式的美，美學教育要做的，應該是要將大家內心所潛藏的審美能力與美的基因開啟，使其審美的眼界與對美的思維能力越來越廣闊，同時有能力從周遭的生活經驗當中，以其獨特、敏銳的方式欣賞「美」，並將「美」內化，進而在生活中，以不自覺的方式實踐自我的美感經驗。正如德國美學家席勒（Johann Christoph Friedrich von Schiller, 1759-1805）對審美教育的看法：「從美的事物中找到美，這就是審美教育的任務。」（引自朱光潛，1983：232）生活中俯拾皆可以成為美的因子，實踐自我美感經驗最著名的例子，便是賈伯斯（Steven Paul Jobs, 1955-2011）創辦蘋果電腦，他將美學至上的設計理念融入於科技產品當中，世人或好奇其美學經驗如何擁有並將其開發運用在科技產品之中？我們無法得知賈伯斯從小到大與美學有關種種的生活經驗，也不得而知是否他本身即擁有較多天賦的美感因子，但大學時期所選修的美學課程應是其助力之一。

漢寶德（2004）在〈藝術教育救國論〉一文提及，臺灣的社會富裕、追逐時尚，然而我們的社會文化卻缺乏對「美」元素的重視，如何使大部分的國民具有一定的藝術素養，需要普及的教育，而且要自師資的培育開始。王炘盛（2013）提及美學教育越早開始越好，在歐洲許多國家，小學生每週都

會固定一天或半天安排到博物館參觀上課，把「美」的元素融入往後一輩子的生活之中，能夠如此，何愁不會成就一個有品味的、有人文素養的社會。

　　在臺灣經濟掛帥、功利主義掛帥之下，大學之前的課程架構，普遍均缺乏美學課程，不然就是學了之後，「美」離普羅大眾似乎仍太遙遠了。大學通識課程中，多有藝術人文領域相關的美學課程，但多數民眾或學生進入職場之後，普遍也還是離「美」有一段距離。臺灣的教育，一般認為過於死板，學生不懂得思考，美學教育往往著重於理論解說，抑或聽說式教學法，學生不願意參與，或參與的意願不足，學生多半只是或只願意「聽」而缺少或不願意力行實作，導致思維能力不足，美感的創意也不足。當然，學生若在美學理論的基礎之下，或許其審美能力與見解會有所不同，但「理論」本身就是一種框架，被限制住而不自知的大有人在，且少有人能在框架之中跳脫窠臼而另有獨到的見解，因而美學教育如何教？該如何開啟學生的賞析能力？師者的教學法固然是一個很大的因素，而學生的學習心態與學習態度也是關鍵之所在。

語言中呈現的美感

　　藝術為一種語言的呈現，與其相關的美也是一種語言的呈現，只是其呈現的模式非得依賴文字，或圖與影像的視

覺、或聲音的聽覺、或身體的觸覺等等形式不可。很多時候,「美」只可意會而無法言傳,但唯有藉由語言文字的紀錄與呈現,才能將「美」的想法與觀點在最短時間內傳播推廣出去,因此呈現出來的語言文字,其本身也是藝術作品,抑或是藝術的再現。即便是舞蹈的意境,觀賞者領悟的能力各有所不同,若站在推廣的角度,往往也需透過編舞者以文字語言說明其意涵。以下我們即從華、閩、客、英語的語言結構當中來分析其呈現的美感。

　　從物的觀點,文字的呈現或只是敘述、描寫一事物,但有時只是一句簡短的句子,之中即內含語音旋律押韻的美、力道上的剛柔美、形態具象化的美等等有關於美學的呈現,例如單一句 "He clasps the crag with crooked hands." 即表現出鷹雄魄的力與美,這是英國詩人丁尼生(Alfred Tennyson, 1809-1892)無人能出其右的詠鷹之作〈The Eagle〉,原詩如下:(引自朱乃長,2009:4)

> He clasps the crag with crooked hands,
> Close to the sun in lonely lands,
> Ringed with the azure world, he stands.
> The wrinkled sea beneath him crawls;
> He watches from his mountain walls,
> And like a thunderbolt he falls.

此詩之美,可結合幾個面向來賞析,從音韻學角度,全詩押末尾韻 -s、聲頭韻 [k] 音;從語音學角度來看,舌根塞音本具有短促、爆發的力道感,全詩聲頭韻 [k] 極多,如 clasps、crag、crooked、close、crawls,結合鷹及其爪與雄偉的姿態,還有其他字詞意境上的宏偉,[k] 帶來短促力道的作用更顯巨大;從起承轉合來看,首段主為靜態的描述,次段主為動態的描述,具靜態到動態的流動感;在字詞意象的連結方面,全詩除題名外無「鷹」字的呈現,卻可透過相關字詞以連結「鷹」及其「雄偉」的意象,如clasps、crag、crooked hands、crawls、mountain walls、thunderbolt falls;在字詞意境的鋪陳方面,lonely更顯鷹的孤傲,或sun、world、sea、mountain、thunderbolt等字均帶有巨大、雄壯魄力的意涵,加上結合許多舌根爆破音,全詩力與美帶來的震撼更顯露無遺。

　　同為詩,初唐詩人王勃的傳世名作:「落霞與孤鶩齊飛,秋水共長天一色」,此為其〈滕王閣序〉一文之兩句,單只二句即勾勒出天地萬物間大自然美妙的景色,也讓「滕王閣」在時空不同的背景之下傳世不朽。詩本身不帶過多言外之意的意涵,但「孤」字美妙的運用,似乎與前文提到鷹的lonely,具有巧妙的相關性,「落霞」與「孤鶩」相互襯映著,晚霞美麗的色彩,野鴨孤單的飛翔著,在大自然中融合成一體;「秋」字的哀愁則與水融合成為長天一色的美景,不必太多的意涵,字本身就已具有構成一幅圖畫的魔力,有物件的

配置、有色彩的運用、有季節的呈現、有「齊」與「一」整合效果的運用，以及以動詞「飛」、「色」（指融為一色）來捕捉動態與靜態的畫面，最重要的是這張畫還不是人為的，它是自然界中最純真、最自然、最美麗而愜意的一幅畫。這兩句詩似乎打破了我們在之前提到的對美四個層面之探討，一來這種景色在生活當中比比皆是，內容不但不反常，且句子結構為熟悉的主謂結構，對句子語義認知的過程也不至於花費過多的時間，又自然的景色能與我們距離有多遠呢？作者對事物的敏感度與鑑賞力總勝於常人，不必過多言外的意涵也具情境之美，而且還是上乘之藝術作品，因而這兩句成了曠世經典之作，難怪世人無不讚嘆年紀輕輕的王勃所具有的才賦。

　　轉到顏色詞的觀點，有些人喜歡紅色，有些人不喜歡紅色，所以上述的紅色很難從美或不美的大眾觀點來論，但客語當中卻有個與紅色相關的詞叫做「啾紅」，「啾」為一種程度副詞以修飾「紅」，此詞很難以華語的某個詞來對譯。以「死」修飾帶來反差的構詞，如：「死紅」（紅得令人討厭的紅）、「死鹹」（鹹得令人極不能接受）、「死甜」（膩人的甜）/「嗜心甜」（甜得讓人像是心臟要被吸出來的樣子）、「死熱」（熱得令人發狂、受不了），這些構詞上字詞的運用，都很令人讚嘆並覺生動。

　　說到死亡，「死」向來是禁忌的語詞，尤其所構成的語詞，其意象多半也是不好的，但美國現代詩人史蒂文

斯（Wallace Stevens, 1879-1955）於1923年發表的成名作〈Sunday Morning〉，全詩有八節，每節有十五行，在第五、六節計出現了三次 "Death is the mother of beauty."「死亡怎會是美麗的母親呢？」作者想要表達的是，人世間一切的美好都來自於死亡，因為有了死亡，世間的悲歡離合就顯得愈加的美麗。女主角在星期天的早晨沒去教堂做禮拜，卻在家裡享受美好的早餐，認為人在死亡之前要好好的生活，因而作者也質疑宗教信仰的存在價值。這是極具美感的詩，又帶著深沉的人生思維，death、mother、beauty為三個非常普遍的用字，但結合起來，無論從字面義或文字的組合來看，它都不是常態或熟悉的，詩句表達的意涵似離我們有段距離，但其背後的意涵卻是我們熟悉得不能再熟悉的人生哲理議題，也反向操作著因「死亡」而顯示著人生的美好。

　　由死亡而人生議題的思維，海明威（Ernest Miller Hemingway, 1899-1961）在《老人與海》（1995）中提到 "But man is not made for defeat. A man can be destroyed but not defeated."「人不是為失敗而生的，一個人可以被毀滅，但不能被打敗。」老漁夫在大海中孤獨的與巨魚搏鬥，顯現的正是人不甘於失敗的精神是永遠打不垮的。此外，小說內文的文字修辭與結構，也是值得細細品味，它富有美的藝術性與深邃的哲理性。

　　各族群語言各有其富於歷史意涵的文化語詞，文化語詞所體現的或為族群的生活觀點、人生觀點，抑或具歷史社會

環境的時代意義等等。例如客語「折福」相應於其他語言較無合適的詞可對譯，原則上它指的不僅是浪費、暴殄天物而已，而是意涵著這類的人會因此而折福之意，人應當不能「折福」而要「惜福」才是。再如閩南語流行歌謠的創作當中，其曲風搭配歌詞，在眾人或大多數人的感受中，和其他語言相較，多數歌謠總富有深厚的情感且又帶有傷感的表現手法，甚而反映時代的心聲。在語言教學時，學習者透過歌曲來學習標的語，這種教法對學生而言往往是相當具有成效的一種學習方式。在學習的過程當中，學習者不但學習到了語言，也學習到標的語族群的音樂、文化，及其對音樂、歌詞的鑑賞力，而這些也包括從美學的角度來瞭解音樂、歌詞，抑或歌詞背後的意涵。以閩南語歌〈落雨聲〉（江蕙主唱；作詞：方文山；作曲：周杰倫）為例，歌詞的意境很美，帶著淡淡哀愁的美，背後卻是濃郁情感的流露與不捨母親離開的情感意境上的美，「當初離開是為啥，你若問阮阮心肝就疼。」（當初離開是為了什麼，你若問我，我的心裡就疼痛。）「你若欲友孝世大毋免等好額，世間有阿母惜的囝仔上好命，毋通等成功欲來接阿母蹛，阿母啊，已經無佇遐。哭出聲，無人惜命命。」（你若要孝順父母不用等有錢，世間有母親疼惜的孩子最好命，不要等成功了再來接母親同住，母親啊，已經不在那兒了。哭出聲，沒有人可以疼惜你。）完全道出時下離鄉背景、出外打拼，遊子普遍的心聲。這首歌感動了許多的人，在眾人檢視的標準之下，毫無疑慮的是

絕美的一首歌。除了音樂外，一方面也是在於詞的意境貼近人心，世人對父母孝順的心意與時代環境的矛盾，似乎構成了一種衝突，等到衝突結束了，人不但傷痕累累，也已淚流滿面，因為會永遠疼惜你的那個人，已經不可能在身邊了。此時，下雨的聲音又僅僅只是下雨的聲音，雨聲、哭聲融合而成的氣息瀰漫著親情、鄉情深深的惋歎與思念。透過絕佳文字及其與音樂、歌者完美搭配的呈現，親情的美，永遠是最美的一種感受，哪怕它可能是一悲劇式的收場，但卻有警惕人心的作用。

美學的生活化

人都可以為藝術的創作者，卻不一定可以為藝術家或藝術的欣賞者。人們或一不小心創作了一件藝術作品而不自知，或如小孩子的塗鴉式畫法，總帶純樸的真、善與美，而這不是大人模仿得來的。藝術的創作往往需要的是一個靈感，靈感乍現時便要好好把握，天賦固然重要，但其背後通常仍需要經驗與實力的累積，即便無法創作，也可以讓自己成為一位很好的欣賞者，包含我們如何在生活當中，時時刻刻產生對美的思維與鑑賞能力。

文庭澍（2003）指出，過去在課堂上跟著老師反覆朗誦生字或句子，這是必經的語言學習之路，現今卻被認為是模仿而無創新，而放眼看去，我們日常生活不就經常在反覆練

唱我們喜歡的歌謠或背誦我們喜愛的詩歌？背誦與反覆練習的活動並不會不好，端看師者、學者如何運用，運用得好，學習者可以自然的記住動詞的變化或文法特性等等，並且活用常用的語詞片語，甚至還可以在文章中引用詩歌及文學作品的佳句；若運用得不好，強迫學習者抑或學習者本身也機械式去背誦那些無意義的句型而不知變通，那麼就只會增加學習者的反感。因而教者或學者若只被動傳達或接收制式的教學法而不知變通，也就遑論從文學角度、美學角度對語言加以修飾、再造與創新。一件作品，不管是詩境體現出的唯美情思，抑或文學帶給世人的感動，以及富於哲理性的思維，還是如莎士比亞戲劇在舞臺上呈現悲劇而諷刺的人生，它都可以是一件美的藝術作品。平庸的我們，也許無此天賦創作出如此美好的作品，但平時的我們，可以試著不時的培養自己具有審美的能力，進而將對美的觀賞能力內化並轉化成生活當中的巧思，誰說我們不能成為下一個賈伯斯呢！將美學巧妙的融入文學語言教學之中，不失為增進文學語言教學與對美鑑賞的感受能力的一種極有效的方法。

> **名詞方塊**

拈花微笑
「拈花微笑」本指釋迦牟尼在靈山會上說法，手持鮮花示眾，然而眾人皆不解其禪意，只有維摩訶迦葉面露笑容，世尊遂將心法傳於迦葉。後世以拈花微笑比喻以心傳心、參悟禪理的樣子。

立體派
立體派是二十世紀初期由畢卡索所開創的一種畫風，其特色在於主張把自然形象還原為幾何圖形，再重新組合成畫面，有如將一面鏡子打破，再將其鏡子破片予以重疊組合成新的畫面，造成一種立體的效果。

印象派與後印象派
印象派為十九世紀中期後的法國畫派之一，印象一詞起源自莫內於1874年的畫作《印象・日出》。此畫派著重於光影的改變，以及對時間的印象，並從生活中的平凡事物作為描繪對象，記錄自然的剎那現象。畫家另有馬奈、雷諾瓦、竇加等。十九世紀末期，繼承並變革印象派繪畫方法的流派而成後印象派，以塞尚、高更、梵谷等為代表，強調主觀感受的表現及個人情感的注入，專注於個性的寫實，因而對後來的野獸派和表現派的影響很大。

美的對話[*]

詩人畫家與鄉下人的對話

有一個故事是說,有一位詩人來到鄉下地方,和一位種菜人聊天說:

「啊!您這兒真好,房子後面有這麼樣美好的好山好水!」

種菜人一聽到便回說:

「這好山好水還不如我房子前面的這一畦菜園呢!」

究竟哪一種美?似乎見仁見智,或許說詩人將精神之美提升至一種境界,然而種菜人所體現的卻是生活上的實用之美,無法說哪一種的美才是真美,畢竟「美」沒有一定的準則。

還有一個故事是說,有一位畫家在畫完一條魚之後,非常滿意於自己的畫作,正當得意之時,一個鄉下人經過看了看,便說:

「夭壽哦,上蒼給了魚生命,你卻只給牠身體而無生

---

[*] 本文初稿發表於2015年〈美的對話〉,《美育》。第205期,頁80-82。

命,真是造孽啊!」

　　畫家當下有如當頭棒喝,因而畫家反思如何賦予自己畫作新的靈氣而非匠氣。

　　學有專長或有專門技術的人,我們會稱之為「家」或「師」,自然而然我們會認為「畫家」當應具備藝術的能力或天賦,具基本的審美判斷力,一般則對「鄉下人」一詞的前設概念則認為是住於鄉野偏僻地方的人,較沒有受教育,對美應也不具概念上深入的判斷能力。但是上述對話中,正當畫家自滿於自己的畫作時,他是從自我知識背景與作品對象本身而產生的審美判斷,亦即其審美判斷帶有概念性;鄉下人的反應則是反映出自然之美、自在之美,一種對自然界生命躍動的尊重,因而他的判斷是免於概念的考量,並產生純粹的自在美判斷行為。畫家在聽了鄉下人話後之所以有如當頭棒喝,是因畫家從一種局限的概念立場進而跳脫對象本身,當下接受了自然之美與自在之美實勝過了寫實之美。可是,若畫家仍堅持己見,認為自己的看法、觀點才是美的,那麼,畫家與鄉下人對美的見解各有其主觀性,而且不見得何者才具有普遍的客觀性。因而不帶概念性、目的性的審美判斷,似乎反而體現了所有的人都具有對自然自在之美的鑑賞能力。可是人們不免產生懷疑,若非以自然對象為藝術對象時,那麼,他還可以具有不帶概念性的審美判斷嗎?當我們欣賞柴可夫斯基的第六號交響曲《悲愴》時,若對音樂藝術無相當的概念基礎時,一般人或覺其聽起來好聽或不好聽,

較難以「鑑賞」的角度來欣賞音樂藝術呈現出的時間流逝之美，或難以將其自然化、意境化，因而也較難具體地說出美在哪裡。

不過，這裡又一個矛盾是，究竟「美在哪裡」？「美的鑑識能力」是否應言於行外並具一套規則？還是靜觀默思、不需多言的如「無聲之詩無一字，無形之畫無一筆」的境界呢？前者好比包姆加登（Alexander Baumgarten, 1714-1762）認為美為思維的藝術，藝術音樂的欣賞較適合如此；後者好比康德（Immanuel Kant, 1724-1804）認為美感的基礎在於主觀的想像力，抑或鄉下人也許說不出一大套的道理，但他也可欣賞美或對美進行鑑賞，自然對象的欣賞或較適合如此。以下我們即換一種角度來聽聽康德美學與包姆加登美學的對話。

康德美學與包姆加登的對話

包姆加登可說是「美學」（aesthetics）一詞的創立者，他認為美與認知是同等關聯的，而且審美可經由認知的客觀過程而帶有規則性，故而主張美學即為美之思維的藝術。康德對包姆加登的看法則持不同的態度，他認為審美判斷本身是「美感的」（aesthetic），決非認知的（cognitive），因而美感的基礎在於主觀的想像力，例如在「這朵玫瑰是美的」判斷裡，玫瑰是一朵玫瑰已無關緊要，這樣的判斷也完全不站在「對象」的角度，而是當下伴隨直覺因靜觀默思而油然興

起的單一判斷。例如,若是一位植物學家來判斷一朵花之美時,他不能先行預設「對象當該如何的概念」,因而就必須忘記他對花於植物學方面的知識,也就是說植物學家所擁有的知識不應當影響他的審美判斷,他的判斷必須免於概念的考量,這樣的審美判斷才是純粹的「自在美」(free beauty)。康德的主張似乎合理,但也充滿著矛盾,這裡存在的兩個矛盾是,一是「典型」(typical type)美的認定問題,一是若抽離掉了概念是否還能恰當地欣賞對象的可能性,因而這涉及到世間是否存在普遍美之先驗概念。以下,我們將從語言現象中的普遍語法(Universal Grammar, UG)與薩皮爾−沃夫假設(Sapir-Whorf Hypothesis)來看普世之美(Universal Aesthetics, UA)之先驗概念問題。

普遍語法與普世之美的對話

所謂薩皮爾−沃夫假設指的是,我們對這個世界的看法是由自身的語言結構所影響、控制。或如在東、西方世界科技、經濟產業掛帥的今日,新的語詞不斷迅速產生,但新詞或外來詞首先進入到通行語中,以華語的姿態生存、普遍使用著,少數族群語言往往不及接收這些大量的新詞彙,或有些新詞硬是翻成土語或顯得拗口,於是新詞無法進入自身的母語當中,新文化、新詞彙便以華語形態影響著少數族群的思考模式,進而族群之間相互融合的概念油然而生,地

球村的概念也成趨勢。不過這種說法具有一些爭議，我們都知道，早期閩客族群生活於南方以農為主的農業社會，多養雞、養鴨等，因而對於雞的種類語言命名多樣化，如：雞公（公雞）、雞嫲（母雞）、雞子（小雞）、雞健仔（未生育過的母雞）、雞牸（未成年的雞）……等等，但對北方民族的北方官話來說，雖無這些多樣性雞的命名，不過卻有許多當地資料豐富的馬類命名，如單以十筆劃為限的馬即有「騫騰騷騵騜騋騳騮騸驚」等等，故而此為語言的產生受限於生活文化，非語言結構限制住人們的思考方式。

　　若語言結構與生活文化具相互牽制的力量，因而影響了人們對這世界的看法，那麼，族群文化是否也可以限制住人們對美的不同看法，我想答案也是非絕對性，因為事情總是有著一體兩面的看法？例如，世界七大神祕族群之一的「長頸族」，女孩自小便以某種方式使其頸部慢慢變長，越長則代表越美，而中國傳統漢族女子便以「裹小腳」為美的代表，此些均是因當地文化限制人們對美的看法，外來的族群或不如此看待。故而在自然主義盛行的年代裡，抑或在寫實主義、象徵主義盛行的年代，對「典型美」的認定便會有所不同。然而，到底存不存在舉世皆然的普世之美呢？「夕陽」，多數人都認為很美，但對於一個生活於其中，每天都會面對夕陽的人來說，「夕陽」大概也無所謂美了。這似乎又得回到前述康德有關美存不存在「對象」的問題，這也和語言之中的「普遍語法」似乎有著同工異曲之妙。

所謂普遍語法指的是，我們所使用語言的語法結構並非來自於環境或交際功能，而是內建於大腦中的認知功能，因而各地語言均有共通之語法現象，此學說由語言學家喬姆斯基（Noam Chomsky, 1928-）所提倡。若大腦中存有認知功能，進而自行有此能力形成語法規則，實驗也證明，若不在適當的時期提供「言語」對象予語言學習者或習得者，那麼，他便無法具備能力來形成語法規則，因而「言語」即為「對象」，「對象」是重要的。同樣的，在康德美學主觀美的主張之下，似乎也應該存在一種「對象」，這種對象可能不是具體的「花」或實景的「夕陽」，而是世上「普遍人」所具有的「標準」。美的認定確實通常需要透過某種「標準」而存在，因而依據我們普世之美的主張，大部分人對於貼近「自然」現象的實景或物件，諸如「夕陽」與「玫瑰色」，便覺其美，即便也存在著少數之人士不認為其為美，但對「大多數」而言，此便是「普世之美」。

拈花與微笑之間的無言對話

　　英國詩人布萊克（William Blake, 1757-1827）一詩提及：「一粒沙裡見世界，一朵花裡見天國，手掌裡盛住無限，一剎那便是永恆。」此種意境之美往往體現在一粒沙中、一朵花中，而同樣為一朵花，領略則有所不同。釋迦世尊說法時，僅僅以拈花來示眾，眾人皆默然，唯有迦葉破顏微笑，因而

有釋迦的拈花、迦葉的微笑,後世便以「拈花微笑」比喻以心傳心、參悟禪理的樣子,亦可喻為會心或默契之意。「拈花微笑」之所以美,不但美在普世之美的「花」與「微笑」,更美在於「拈花微笑」互動之意境禪意,至於對象是「什麼花」並不重要,而「微笑」在世界上許多民族來說多表正面性的美。

> **名詞方塊**
>
> **第六號交響曲《悲愴》**
>
> 第六號交響曲又名悲愴交響曲,是柴可夫斯基1893年之作品,整首曲宛如敘事內容,約48分鐘,以慢板開始,以葬禮般安魂曲式安靜的結束,中間則穿插著不同旋律風格的舞曲。雖然音樂內容以晦暗為基調,但在快慢之間的節奏使音樂呈現出張力,並貼近人心。因而音樂形式的創新與敘事的鋪陳,引領聽者進入一種傷感卻又深陷其中的感動。

速寫花的婉約[*]

什麼是「速寫」

　　「速寫」，指的是以一種快速的筆法畫出繪畫的對象，常用於戶外簡單方便型的寫生或需快速捕捉寫生對象時，一般也適用於初學繪畫者的大量素描練習，以及提供繪畫者大量蒐集寫生素材的來源。它本是附加在正式繪畫之前的基礎藝術，後來速寫發展成有其特殊的筆法與風格，因而也成了一門獨立的藝術。原則上，你身邊有一枝筆，不管是鉛筆、原子筆或其他類型的筆，只要是唾手可得的方便之筆，加上一張紙張，便可進行速寫。因而速寫所得的成品往往以寫生對象的輪廓線條為主，加之構圖上的經營位置，便是一張草稿或成品；若是再有那麼一點時間，透過筆觸，可以賦予一些明暗的光影效果，不過這種光影效果較無法做到一般繪畫中細部明暗的處理，否則就難稱之為「速寫」了；再者，身邊若有一小盒的色筆跟隨著你，時間上也還許可時，便可對自己的速寫作品略施少許的色彩，此時再看看自己的作品，心

---

[*] 本文初稿發表於2018年〈速寫花的婉約〉，《美育》。第224期，頁93-95。

情上或會感覺更不一樣呢!

題材、觀察、寫生與速寫

　　題材，任何題材都可以成為速寫的對象，風景、花卉、鳥蟲、人物、靜物……等等。不過，較建議速寫者從自己較為喜愛的題材入手，因為這樣畫起來心情上會特別覺得舒適，畢竟我們畫畫的首要目標應該是要讓自己覺得愜意，而不應該覺得那是一種作業或功課吧！若初選的題材多畫幾次仍覺得畫不來的話，次一個建議就是再選另一種可能較易入手的題材。例如，一般人物或鳥蟲速寫較不易捕捉其動態之姿，即便以靜態的相片來畫，人物多半仍是較為不易入手的題材；速寫慣了其他題材之後，再來試試人物速寫，或許挫折感便不那麼大了。

　　觀察，是一種對於形象的粗略或細微的察看。對於生活周遭的人事物可常觀察，尤其是遇到自己喜愛的題材。配合觀察即時記憶的方便方法，可能就是隨手的手機拍照了，因為時間的關係，我們較不能針對對象隨手一畫，也許在上班、上課的路途之中，察覺到美的事物，不管是否可入畫，它都應該可以以「形象」且最為快速的方式被記錄在手機的相簿之中，畢竟，我們大腦的記憶對於物象形式、色彩是無法捕捉完善的。

　　寫生，實地寫生是必要的。若你的畫永遠只停留在對靜

態平面照片的速寫,那麼,畫作的進步將很有限,一來生動的作品是來自於生動立體的真實光影變化;二來照片只一個樣式,無法瞭解細微的變化,也無法隨時轉個角度看見不同的面貌;三來除非你具有萬中人選的天賦,否則畫作終將走向閉門造境、了無生趣、了無新意之地步。而且,現場實地寫生作畫,目光所及、腳所踩踏的皆為最真確的,心境也會不同,故而畫起來通常會帶有一種令人動容之感。

寫生出來的畫作可以是不同的圖畫類型,但簡筆寫生的速寫將會是寫生當中最為快速完成的繪畫方式。

速寫的過程

以自我的經驗來說,在開始練習速寫之前,其實已有工筆國畫的基礎,工筆國畫之前雖也需以鉛筆描寫對象、寫生對象,但當時非以速寫法,而是慢工細活,談不上速寫,但卻成為個人寫生、素描基礎功的奠定。當慢工細活的畫畫久了,加上手邊工作時間上的安排,較無法定下心來花時間好好畫時,因而促使自己以原子筆來進行速寫練習,並速寫自己喜愛的題材——花卉,有時為花卉點綴一些小生物。以原子筆進行速寫,言下之意,無論是構圖、線條,都必須要「一筆定江山」,盡可能不去做任何的塗改,不像鉛筆也許還可稍做塗擦修改。最後再施以少許的色彩,有時連自己看了都莫名歡喜,雖然知道那都是不成熟之習作,因為其中也

會有所謂的敗筆,但速寫就是要能讓那些敗筆也融入在畫之中,盡量讓敗筆成為畫中的一種自然或拙趣。初學者,同一結構之圖或可速寫個幾張,在十張畫作之中若有個兩三張頗為中意的,也不失為一種小小的成就感。

與之前所學的工筆畫相較,對於現階段無法長時間好好定下來的我來說,10〜30分鐘的小品速寫完成甚是適合現階段來進行。一枝筆、一寫本,便能簡筆繪出天下事,雖個人還未能有此本領,但設定的一個小目標則是希望將來外出或獨自旅行時,也可以以旅遊的方式隨手速寫個幾筆,並將之集結成旅遊的速寫札記。

花的速寫

百花群之中,自己最喜愛創作的對象屬荷花,也實地寫生過幾次。除了荷花象徵出汙泥而不染的花語之外,更愛它的曲折多樣的流線造型,包括它花瓣姿態的柔美與組成之樣貌,以及柄幹婉約流線造型的動態之美。故而在畫面的結構組成方面,有其困難度,完全照樣畫往往見不出荷花與柄、葉之間的互動與婉約,是故要能去蕪存菁、構造形態剪輯,還要經營位置、賦彩柔和,讓整幅作品可以達到氣韻生動的意境,也就是說要能在不同的線形當中表現出像是變化萬千之線條,實有其整齊劃一之美。一般在設計衣裳或器物用品時,荷葉邊往往也是設計者所喜好的造型,就因為它的波浪

型線條所呈現出的動態婉柔之美，因而花、柄、葉通常是畫中的必要構件，偶加之小草、浮萍、蜂蝶、魚鳥等，則更添畫之趣味性與豐富性。

　　構圖之中，個人較以線條型的簡約為要，而且還要顧到線的虛實問題，畫面不喜加入過多的元素，盡量以花為主角先進行速寫，之後再配以葉、柄等，偶而讓葉遮住些花也是不錯的意趣。花、葉則不呈現左右對稱，並著重在花瓣之形，以及花瓣與花瓣之間的組合姿態，花與柄的蜿蜒樣貌，花與葉的嫵媚之姿。但前述之物件往往無法在一個框框之中捕捉完全，因而需透過不同角度的選角，搭配自我想像營造出的意境而完成。施以柔和之淡彩，或這種帶有虛實簡約線條蜿蜒而淡彩的花卉構圖，便可說是自己賦予自己小品畫作的一種風格或特色吧！畢竟在無數張的創作當中，「風格」的營造也是很重要的。

賞花時刻

　　試比較看看，書末圖1之工筆荷花與圖2、3之速寫荷花之對照，有什麼不同呢？

　　國畫為華人世界的傳統繪畫，其使用的工具材料為毛筆、墨硯、顏料和宣紙或絹布，為人物、山水、界畫、花卉、禽鳥、走獸、蟲魚等畫科，以及工筆、寫意、鉤勒、沒骨、設色、水墨等技法形式。工筆國畫則是一種國畫繪畫方

式,用筆工巧細密,著重細部的描繪,並以多層方式施色,因而繪畫過程較為費時、費工。之後舉凡繪畫用筆需工巧細密、著重細部描繪、繪畫費時費工者,均可稱之為工筆畫,為相對於速寫的一門藝術。

或許你吃過金針花,但可曾看過它盛開之樣貌?可知代表父母之「椿萱」和金針有何關聯呢?(圖4)

金針花,為百合科萱草屬,多年生草本,稱之為「萱草」,其葉子細長,花瓣或看似生硬的線型樣貌,但細觀之,不同的花開樣貌常有不同的婉曲姿態,若再搭配細長葉的長曲流線造型,亦可速寫出其婉約之姿。花形似百合,呈橙紅或黃紅色,花尚未全開時,可採做菜食。亦稱為「黃花」、「黃花菜」、「金針」、「金針菜」,相傳可忘憂,故又可稱之為「忘憂草」、「忘憂物」,因而以喻母親。莊子曾經說過「上古有大椿者,以八千歲為春,八千歲為秋」(〈內篇·逍遙遊〉),可見其長壽,因此古人就把椿拿來比喻父親。故而「椿萱」比喻父母,並以「椿萱並茂」來說明香椿和萱草均長得很茂盛,以比喻父母都健在。

最後,偶而來個小花的速寫,蝴蝶飛舞其間,蝴蝶自然成了畫中焦點之所在了。(圖5)

若要寫生蝴蝶是不容易之事,即便要以傻瓜相機來捕捉其動態之姿都不容易,我不喜愛用他人拍攝的照片來作畫,也沒在玩專業相機,但憑自己拿著一般相機追逐著蝴蝶卻是一件趣事,在過程當中,往往也多少觀察了蝴蝶的生態。

中西繪畫：畫犬或畫鬼易？*

畫鬼容易的公案

　　畫犬還是畫鬼容易的公案在於《韓非子》中一段歷史的記載，故事是說，有一個人為齊王作畫，齊王問：「你認為畫什麼最難呢？」畫家回說：「狗、馬最難畫。」齊王再問：「那麼畫什麼最容易呢？」畫家回說：「鬼魅最容易畫。」畫家接著說：「因為犬馬是人所熟悉的動物，從早到晚都在眼前，不容易從客觀的角度畫得和真物一個模樣，所以難畫；但鬼魅是無形的，誰也沒見過，所以想怎麼就怎麼畫，因而容易隨著主觀的心意來畫出。」

　　《韓非子》這則畫鬼與畫犬馬之爭的寓言故事，背後有其哲理意涵在，因為人們或在位者如果沒有具體的客觀標準，那麼就容易以主觀的心來瞎說一場，抑或聽信謠言而任意做出決斷，難免也就容易淪為投機取巧的人物了。不過，後人常以這則寓言中，畫鬼、畫犬馬「形似」的問題而討論著

---

* 本文初稿發表於2017年〈畫犬或畫鬼易？〉，《美育》。第215期，頁53-58。

與中國繪畫風格之間的關係,似乎也道出中國繪畫整體風格的走向!

真的是「犬馬最難、鬼魅最易」嗎?

如果從不同的地域的時代風格取向看,則不見得是犬馬難畫、鬼魅易畫了。

中國畫向來重意境、重觀察物象之後心中感覺的體悟,然後再繪出畫家自我理想或大時代之中理想的畫作,因而中國畫對見得到具體實物的犬馬,較不容易依樣畫葫蘆畫出,因為犬就是犬,馬就是馬,畫家較無法依自己的感覺而畫出心目中帶有意境理想的犬和馬;西畫則向來重形式、重描繪物象的真實性,因而西畫對於容易見得到的犬馬覺得是容易畫的。

宋代文人大家蘇東坡對於繪畫的創作曾說過:「論畫以形似,見與兒童鄰。」認為作畫不能只以追求物象形式相似為第一目標,應以表達文人藝術胸中之丘壑為第一目標。此好比中國繪畫常強調的,繪畫應著重在「氣韻生動」、「意境深遠」,至於物象是否「形似」則不是那麼重要。確實,若從物象的立體性、透視性、漸層性、深遠性、明暗性,中國畫均不及西畫的真實感,尤其在早期照相技術或照相藝術尚未產生時,中國繪畫追求平面畫風為主,西方繪畫則以追求立體透視畫風為主。

中國繪畫風格常要求的是「氣韻生動」、「意境深遠」，因而不重形式像或不像；反之，早期的西方繪畫風格要求的是「肖似實物」，因而對他們來說，犬馬是見得到的實物，有了實物才有辦法畫出實物的肖似度。即便是耶穌，耶穌無法以科學方式被證明是存在的神，但西方人士大多相信祂的存在，且相信必然得以某種人的相貌存在人們的身邊，因而將「神」以人化方式呈現是當時普遍的做法，將耶穌藉某種典型、理想的人物做為模特兒以描繪出對象，所以仍有其實物性的依據。但對西方而言，鬼魅這種東西無實物可供模擬的對象，實在無法畫出鬼魅的肖似度，他們寧願將一慈善之人偽裝以翅膀，以畫出心目中祥和天使的容貌，此猶如耶穌的擬人物畫法，這些均應是起源於對宗教的虔誠而以神人化了。

中西繪畫風格大不同

中國繪畫以人物、山水、花鳥為主要，我們就從這三類來談。人物畫中，講求的是人物較為平面的畫法，常以線條與線條旁塗以暗影來勾畫出所謂的明暗、立體的肌理，與真實的人物相較，其明暗立體感仍差一大截，但或許因為平面性，畫家反而能畫出心目中具文人特質的理想人物，包括隱士、清逸、婉約、典雅、含蓄、脫俗等等，絕非俗人或市儈獠牙之士。花鳥畫中，工筆花鳥雖重在形式的相似，但卻強

調以形傳神、形神兼備，著重在精神、文人意境的表現，因而是畫工整齊但隱喻了意境於其中。

至於山水畫以寫實精神為極致發揮的年代，多半認為是在北宋時期巨擘的山水畫，例如范寬的《谿山行旅圖》，山形的雄偉厚重，令人有著高遠而立體的層次空間感，似乎達於寫實的風格了。但這只是就整個中國繪畫史各朝風格比較來論而得出此特色，若相較於西畫，抑或從整體中國繪畫「意境」的風格特色來說，不管這個意境是有我之境還是無我之境，山水畫往往也只是呈現畫家理想中的山水景色，抑或寄託著畫家的心境於山水之中。這意境或境界包括了唐代青綠山水或水墨山水，以及幾乎填滿畫面的北宋巨形山水畫，此巨形山水往往帶出了一種氣勢；南宋山水則更強調了空間的延伸感，透過大片的留白將視覺畫面延伸到畫面之外的極致；元代山水畫則呈現了蕭索、疏離的空間與時間感，似乎只有觀畫的那一個人可以進入到畫家的有我之境的心境之中。

南齊謝赫認為繪畫有六法：一曰氣韻生動，二曰骨法用筆，三曰應物象形，四曰隨類賦彩，五曰經營位置，六曰傳移模寫。傳移模寫位於最末一法，即說明中國繪畫較不重形式，並以氣韻生動為繪畫的第一法。歷代品評書畫藝術作品的時候，多以神品、妙品、能品各為書畫作品的上等、中等、下等，到了元代又另立逸品以強調意境，所以也是著重在神韻、逸境。因而中國繪畫不以形式的相似為主要，犬馬

在生活當中為可見所熟悉之動物,所謂「畫虎不成反類犬」說的就是生活中所見者不容易畫得相似,除非另有意境勝出,否則畫得不像即表繪畫技術的差強人意,畫的不好隨即被世人所皆知。

反觀西方繪畫,早期西方繪畫在二十世紀之前,繪畫力求與物象的形似,二十世紀後則重寫意、抽象。

在十五、六世紀的前後,文藝復興時期的繪畫以三傑為代表:達文西、米開朗基羅、拉斐爾,其繪畫酷嗜形似,例如達文西傑作《最後的晚餐》,描繪耶穌及其十二門徒聚餐,十三人的表情、衣褶、布置等,皆栩栩如生訴說著其一門徒的反叛;又如米開朗基羅傑作《最後的審判》,描繪聖經故事中,當世界末日到來時,將由耶穌親自審判世人的一切罪惡,看看誰該上天堂,誰該下地獄,其人物、肌理、姿態、服裝、景物等等,皆為莊嚴又工細的筆觸。到了十七世紀盛行的古典派、十八世紀的新古典主義,無不在於要重振古希臘及古羅馬古典時代的文化,畫作上無論遠或近,同於文藝復興三傑,都力求要肖似實物的典雅。即便興起於十八世紀的浪漫派,雖多了主觀性的情感個性,但仍著重在工筆描繪方面的寫實。這種力求肖似實物的畫法,一直到十九世紀中、後期的寫實派與印象派,仍是如此,不過風格有了轉變,不再以遠近皆工筆描繪,但求畫面全體需有統一的調子,即印象派起源於以莫內《印象・日出》為名的畫作,著重於實物在某一時、某一地瞬間光與色的寫實,因而在描寫

遠景時必模糊，描寫細部時也模糊，以合於實際。因印象派作畫需以實物的瞬間為依歸，一幅畫當天某一時無法完成，必須於次日同一時再繪，如此當必為寫實性風格。其後二十世紀的後印象派、野獸派、立體派等，其形態奇異、色彩強烈、線條粗獷，加入更多主觀性的元件，使得畫作完全脫離實物的形似性。若以二十世紀之前的西洋畫風來看，其求肖似實物而言，當為畫具實形的犬馬容易、畫無實形的鬼魅最難。

中西繪畫美學的落差

　　一般認為西方美學史較中國美學史的發展來得完善，其一原因或與文言、白話的文字形式有關，畢竟中國古籍中的文言文於後期來說，其釋解、推行都具事倍功半的效果；其二原因或與文字所表達出的具體或抽象涵義有關，筆法技術或可透過文字而理解，但在中國美學來說，「意境」、「氣韻」、「境界」、「神」、「妙」、「逸」、「蕭索」、「疏離」等等，這些語詞均非帶有具體的意象，一般人實不容易透過具象的物件來理解並傳達，能「心領神會」者為數甚少，這些用詞往往和中國儒道釋的哲學思想文化發展史背景有關，非生活在其中者，自然少了這一層的體悟。反觀西方美學史對於各期流派的文字呈現，多是具象性，往往是我們生活中可觸可及之物象語詞，例如浪漫派風格在於帶入強烈主

觀意識又具強烈個人情感的寫實，一反之前古典派客觀的、莊嚴典雅的理想寫實作品；印象派的風格在於捕捉瞬間光和色的寫實；立體派的風格在於打破空間感，使物象解體、將空間平面化，背離了物象的寫實性；到了野獸派更將物象平面化，無立體、無透視、無遠近，以及大塊的色彩。因而西方美學史每一時期的流派，透過易理解之語詞與畫作搭配，其各派風格明顯、不難理解，美學史的推行發展，自然應是事半功倍了。以作品來說，實難說明中式優或西式優，因為各有所長、各有風格特色、各有其藝術性；以境界來說，中式應優於西式；但以美學史的發展與理解來說，或許不得不承認西式實應優於中式。

　　此外，臺灣美術史的建構為期短暫，具有不同政權的時代背景，因而在原住民的原始藝術生活與不同年代的外來政權文化影響之下，包括荷蘭時期、清末時期、日治時期、國民政府戒嚴與解嚴時期等等的文化交替與衝撞融合之中，是否能從中以清晰明確之語言建構一客觀明確系統性的臺灣美學史，則是今輩人士努力的方向。

你是喜歡鬼畫呢？還是喜歡犬畫呢？

　　當然，這裡所說的鬼畫不是真的指畫鬼怪之畫，也不是胡亂畫的鬼畫，而是強調非畫以形似取勝之畫。故而人們會喜歡哪一類的畫，有時和時代風格有關，有時和個人喜好品

味有關,有時和畫家風格有關,有時則和畫作藝術性的呈現有關,但是畫作的藝術性又常和賞畫者的主觀性、藝評的潮流性有關。

西畫中,我可能喜歡後印象派梵谷的《星空》,扭曲的黃、深暗藍線條色塊,表現出一種憂鬱中對生命深沉的熱愛,抑或野獸派馬蒂斯(Henri Émile Benoît Matisse, 1869-1954)的平面化構圖、無視於傳統遠近與陰陽背向,以及以大塊原色、粗獷原始線條、脫離自然摹仿並強調主觀認識、具原始藝術中狂熱的創作力;但同時我也可能喜歡寫實派米勒(Jean-François Millet, 1814-1875)的《拾穗者》,表現出樸拙色調中辛勤勞動者貼近平民生活的社會性。中國繪畫中,我可能喜歡元代倪雲林一河兩岸,加上中、遠處大片的留白,構成了三段式構圖,乾渴之筆墨,造就了一種畫面的疏離感,但那種疏離感卻又像是符合了觀畫者心所想望的疏離之美感,或如倪氏所說的:「僕之所謂畫者,不過逸筆草草,不求形似,聊以自娛耳。」這「不求形似」的背後涵義,自然也道出自古以來中國文人畫家共同的心思了。

中西美術史對照簡表

西方美術史	時期	中國＋臺灣美術史
史前美術	舊石器時代晚期（西元前28000-8000）	石器文化（西元前25000），周口店山頂洞人
古代美術——美索不達米亞、埃及、希臘和羅馬時期	新石器時代到中世紀（西元前4000年到西元476年）	石器文化（西元前6000-2000），裴李崗文化、仰韶文化、河姆渡文化、青蓮崗文化、大汶口文化 夏（西元前2070-1600），象形文字、彩陶、黑陶 商（西元前1600-1046），銅器、動物畫 周（西元前1046-221），富有想像力的人物畫 春秋（西元前770-403），帛畫、寫實肖像畫 戰國（西元前403-221），帛畫、寫實和想像 秦（西元前221-207），壁畫、磚畫 西漢（西元前202-西元9），神話 東漢（西元25-220），彩繪陶、線條、色彩 三國（西元220-280），色彩、線條、勾勒
中世紀美術—— 拜占庭式教堂 羅馬式教堂 哥德式教堂	中世紀 （5-15世紀）	魏晉南北朝（220-581），壁畫、磚畫、顧愷之、敦煌藝術 隋唐（581-907），宗教畫、

		宮廷畫、仕女圖、動物畫 五代（907-979），荊浩、關仝、董源、巨然山水 宋（960-1279），李成、范寬、郭熙、李唐、馬遠、夏圭
文藝復興美術──追溯古希臘古羅馬藝術精神 文藝復興美術三傑：達文西、米開朗基羅、拉斐爾	14-16 世紀	元（1271-1368），趙孟頫、四大家山水 明（1368-1644），沈周、文徵明、董其昌、畫院派 清（1636-1911），四王山水、揚州八怪
巴洛克美術	16 世紀末～18 世紀中	
洛可可風格	18 世紀	清治臺灣美術（1894-1895年），傳統中原水墨文人畫，民間習俗宗教畫
啟蒙時期新古典主義──重振古希臘古羅馬的英雄主義精神	18 世紀末（1789 年）	
浪漫主義	18 世紀末	
寫實主義	19 世紀中期	
印象派	19 世紀後期	
新印象派	19 世紀後期	
後印象派	19 世紀後期	
現代主義藝術── 野獸派，1905 年 表現主義，1905 年 立體派，1908 年 未來主義，1909 年 抽象主義，1910 年 達達主義，1917 年 超現實主義，1920 年	20 世紀初	臺灣原住民藝術（舊石器時代至今）：生活文化與藝術，原始藝術與現代原生藝術 臺灣近現代美術：日治時期臺灣美術（1985-1945），臺展、府展、東洋畫、印象西洋畫 臺陽美展（1934-）

後現代主義藝術——抽象表現主義，1946年	20世紀中	臺灣近現代美術： 戰後初期藝術的社會寫實（1945-1947） 戒嚴體制下的傳統再現與創新（1949-1987），臺陽美展（1934-）、省展（1946-2006），國畫、膠彩畫、西畫
普普藝術，1954年		五月畫會、東方畫會現代繪畫運動（1950-60年代），傳統水墨畫的創新，抽象藝術的生成 戰後臺灣傳統水墨大家（1945年之後），張大千、黃君璧、溥心畬、齊白石、徐悲鴻
超級寫實主義（照相寫實主義），1970年代	20世紀末	普普風潮（1960年代中後期），複合媒材，人文生態關懷 臺灣鄉土美術運動（1970年代），鄉野寫生水墨畫、西畫，美術文章為主、創作為輔 解嚴後的臺灣當代藝術（1980年代～），空間與平面的多元走向

我的繪本故事[*]

我們要搬家了嗎？
夜鷺很是著急地叫喊著！
他該何去何從？
於是他展開了一段尋找新家的旅程。
在夜鷺心灰意冷的時候，
途中總是有許多的好朋友鼓勵他，
也透過不同的鳥類朋友認識到了不同的客家文化。[1]

童年時代的鳥印象

小時候，常在家後面附近的「陂塘」[2]（池塘）邊看見「夜呱」（夜鷺）的身影，還有其他的鳥類。有些鳥兒常只聞其

---

[*] 本文初稿發表於2014年〈我的繪本故事〉，《美育》。第200期，頁91-95。
[1] 這一篇文章主要是繪本作者創作理念的介紹。繪本名稱為《夜呱愛去哪？》，又名《Where Is the Night Heron Going?》，又名《夜鷺要去哪兒？》。賴文英圖文。苗栗：桂冠圖書，2013。
[2] 文章引號中的使用文字主要為客語詞彙，讀者可藉機認識不同族群的語言文化。

聲而不見其影,例如「田沉仔」(紅胸田雞)與「禾鴨仔」(褐頭鷦鶯、灰頭鷦鶯)都是非常機靈的鳥,前者常於稻田中聽到其鳴叫聲如「wak、wak、wak」,後者常見其成群地出現於稻田間,但一見到人就隨即躲閃。鷦鶯的尾羽特長,停棲的時候尾巴常翹起並晃動,飛行時會上下抽動不停地擺動,形成不規則的上下振盪路線,而且還會邊飛邊叫「鴨、鴨、鴨、鴨」,很是可愛。雖然從小到大對這些鳥名並不陌生,但往往無法像「屋簷鳥」(麻雀)那樣,可以比較看得清楚牠們實際的樣貌與特色。不過,在父母、長輩從事田事許多年實際接觸的經驗當中,他們能夠清楚的將這些鳥類認出與說出其鳥名,可父母卻往往不清楚牠們的華語名稱,也因此,從小我對一些鳥兒也常搞不清楚牠們華語的對譯名稱,長大之後就拿著鳥類圖鑑讓他們指認,當「鳥」與「名」搭配起來時,我也就終於恍然大悟了。

　　以往習作於工筆花鳥國畫,因著繪畫而逐漸擴展自己的視野,長大以後,一直到唸語文教育方面的研究所才將繪畫擱置,一擱置便逾十年。心心念念著繪畫,後來不知怎個靈感一來,轉念想著,是不是能將語文教育與國畫這兩種看似無關聯的主題做一結合呢?因而起手創作。創作的困難之處便是自己很不容易有了個靈感之後,是不是能將此靈感抓住並將它執行出來?因而我先將我們平日常見的鳥類列一清單,最後篩選出了十八種鳥類;接著幫牠們編故事,以擬人化的方式編了勵志性的故事題材;再來起草創稿,起草創稿

前又針對不確定的「鳥」與「名」的搭配做一田野調查，請教長輩或查找資料，再根據自己以往國畫鳥類創作與賞鳥的經驗來創稿；創稿完成後便正式著畫定稿，包含紙張的選定、配色與上色等等，也包含三種語言對應的文字定稿；最後則是與出版社之間文字稿的編排、校對與出版。這中間歷經了三年。創作的過程當中，心想說要讓這本繪本具有不同於其他已出版繪本的特色，因而就選定鳥類且為國畫形式的創作題材，並以客語、英語、華語三種語言的對照方式來說故事。故而這是一本結合鳥類生態環境、國畫創作、語文教材兼勵志性的繪本，還外加了客家文化、臺灣文化的特色於其中。

夜鷺的命運

隨著時代環境的變遷，臺灣各地的農田與池塘漸漸地都被開發成建築物，使得一些鳥類面臨生態環境的被破壞而越來越無處可棲息。有感於此，這一繪本以具客語命名特色但其貌不揚的「夜呱」（夜鷺）為主角，並串連臺灣人生活當中常見的鳥類共計十八種，以「夜呱愛去哪？」（夜鷺要去哪兒？）為主題，展開牠尋找居住地的一連串旅行，途中的所見所聞包含各種客家鳥類命名的緣由與客家文化、臺灣在地文化特色的呈現等等，同時也體現出主角在追求理想的過程中所遇到的困難，以及牠如何展現出不畏艱難的毅力，同時

也賦予鳥類生態環境教育的意義。除了體現國畫鳥類的繪畫以及內文以客語（附客語拼音）、英語、華語三語對照的文字故事之外，我們也在附錄中呈現了十八種鳥類簡單的生態環境介紹，並附客、閩、華、英語四語命名對照，以作為學習各種語言與鳥類生態的語文教材參考。此外，也可以從多語更廣泛的角度來學習，並對鳥類生態環境做進一步的瞭解。希望這不單單只是一本華文世界的繪本，也是一本適合國內外老老小小、各個族群都適合閱讀的國際性繪本。

　　當「夜呱」（夜鷺）面臨生態環境居住地的被破壞，牠該去哪兒呢？因而牠展開尋找居住地的一連串旅行，途中遇到了許多的朋友，其中「田沉仔」（紅胸田雞）也有類同的處境，牠帶著小孩也不知道要去哪兒才好！風先生則整天為髒亂的垃圾而苦惱著，而大地眼看著就要變色囉！「夜呱」遇到了「鷂婆」（老鷹）緊張擔心著自己成為牠的下一餐，但幸好反得到牠的幫忙，借著「鷂婆」銳利的眼睛指引了夜鷺一個未來的方向；當夜鷺心情不好的時候，還好也有畫眉鳥的歌聲來陪伴，「山雞」（藍腹鷴）與「紅嘴鴨仔」（紅嘴黑鵯）也鼓勵牠繼續前進等等；同時在主角尋找居住地的過程中，也認識到為什麼客家人將白胸苦惡鳥（或白腹秧雞）命名為「補鑊鳥」，原來啊，客家人流傳一個故事：有一個婦人，因為違背對丈夫的承諾，把水缸裡的水蛭當做肉給她眼盲的婆婆吃，因而受到丈夫的懲罰才會變成白胸苦惡鳥……「夫惡──夫惡──」的叫；同時也瞭解了「伯勞嫲」（伯勞鳥）

的命名中為什麼有個「嫲」字，原來啊，因為牠一天到晚嘟嘟嚷嚷、無法安靜的模樣，客家人才會取一個較難聽的「嫲」給牠，[3] 伯勞鳥對此則不在意，反倒是當夜鷺看到臺灣藍鵲與伯勞鳥的羽色很漂亮，因著自己羽色的暗淡而失去自我的信心，臺灣藍鵲卻鼓勵牠，並且自嘲自己的聲音像是「棺材脣唸經」，那真的是「吵死人哦！」又說：「我們都有自己的特色啊！不必羨慕別人。」於是夜鷺變得有自信了！而常見的褐頭鷦鶯、灰頭鷦鶯則命名為「禾鴨仔」，是因其叫聲「鴨」與常在稻田「禾仔」（稻子）中出現的關係。此繪本體現了主角在追求理想的過程中所遇到的困難及其展現出不畏艱難的毅力，同時也賦予鳥類生態環境教育意義、藝術賞析與客家文化特色、臺灣鳥類生態特色的呈現。

繪本不單單只是說故事

如果一本故事性繪本在圖文為客家文化的前提之下，可以附加其他的多元功能，那麼，在多元功能的相互輝映之下，將會更突顯臺灣鳥類生態文化的意涵。因此，這一本繪本將不單單只是一本客語繪本，也是一本華語繪本、英語繪本，更是一本鳥類生態繪本。

---

3 客語「嫲」字若用在稱呼女性人名之後時，則是帶有貶抑的意思，因此「伯勞嫲」（伯勞鳥）是擬人化的命名法。

就繪本體現在多元文化與多元語文的意義方面來說，內文故事中巧妙呈現古人智慧的諺語，如「人勤地獻寶，人懶地獻草。」歇後語如「棺材脣唸經——吵死人哦。」包含與之分別對應的英語諺語："A lazy hunter does not catch his prey, but a hard-working person becomes wealthy."；"Reciting scriptures at the side of the coffin － to disturb the dead; complaining at being disturbed." 內容圖畫雖以鳥類為主，但都是臺灣人常見的鳥類，這些鳥類的命名模式，各族群往往有各族群的特色，例如將客家很有特色的民間文學「補鑊鳥」命名傳說的來由融入於故事之中，將客語特殊文化詞「嫲」命名於「伯勞嫲」的來由也融入於故事之中，文字內容口語化之外還帶有現代新詩的文學特色，三語均呈現了某種程度押韻的格局，例如：

風在該噭無淨利	The wind was sobbing at his dirty body.
葉在該跌無歡喜	The leaf was falling unhappily.
水在該愁無位去	The water was worrying about where he can flow easily.
雲在該飄無所依	The cloud was floating without trajectory.
大地看等就會變色囉	Our land was darkening its colors.

華譯：風在哭泣不得乾淨　葉在掉落無法高興　水在煩惱流向何方　雲在飄蕩無所依從　大地眼看著就要變色囉

　　因而這本繪本呈現不同語言的文字之美，更具有不同面向的文化意涵，其延伸出的多語、多元功能，包含繪本內容融入了環境生態的概念，具有教育的意義；以國畫創作的方式，結合藝術與生活層面的表現手法，此則具有貼近生活的藝術性；故事內容呈現了主角不畏艱難、追求理想的毅力過程，具有勵志性；此外，以客語、英語、華語對照方式呈現故事內容，以便讓不同的族群從多種面向瞭解臺灣文化、華語與客家語文，並拉近其他族群對不同族群文化的認同與尊重，具有本土性與國際性；前述總總，因而這一繪本為很具多元意義的多語文教材，也極具教學性與審美性。

創意客語生態繪本

　　因為早年在農村生活、又在桃園臺地池塘文化的成長背景之下，為我的繪本創作注入了鄉土的人文情懷，一直到唸研究所也是以鄉土的客家語言為主要的研究對象，今將繪畫與語文教育研究結合並以三語對照的方式呈現，兼顧了本土化與國際化，這也是一種創新的做法。就藝術性來說，以獨特的工筆花鳥創作方式來作為繪本的基圖架構，有別於其他所見的繪本題材，也有別於一般的客家文化繪本、華語繪

本、英語繪本，有其藝術性與獨特性。

　　這大概可以算是臺灣第一本結合鳥類生態環境、國畫創作、語文教材、客家文化、臺灣文化的客、英、華語對照的故事性繪本。希望將來可以朝數位有聲書來發行，以便讓更多人可以聽到並學習到不同語言文字與聲音之美，同時可以擴及數位有聲書教學層面的教材製作。再者，創作者具更大的企圖心，更希望未來可以朝向多國語的市場邁進，包含日語、法語、德語版的國際性繪本出版，以便讓歐美族群或更多族群接觸與瞭解臺灣的鳥類生態文化。

　　相關繪本彩圖，請參附圖6-8。

> **名詞方塊**
>
> **擬人化**
> 將動物、抽象觀念或其他無生命的事物，賦予人類的形體、性格、情感等，模擬出人的舉動或思想情感的一種表現方式。
>
> **工筆花鳥國畫**
> 工筆花鳥國畫指的是以花鳥為主要題材、以工筆為繪畫方式的國畫技法之一。（參見附圖1、6-8）

打開視覺的窗：
看見客家建築美學[*]

　　建築具有抽象的概念，它往往能輕易地喚起人們腦海中的集體記憶；另一方面，建築的形式往往能與空間產生某種意念的對話，訴求著某種理念，表現出傳統與現代社會文化之間的精神傳遞，無論建築是傳統或創新的形式，都反映著傳統與當代社會文化的元素，從義民廟廟宇、崇遠堂家廟、新瓦屋聚落等不同形式的傳統建築，到六堆文化園區建置的創新格局，我們在傳統與創新的交會點，看見不同的客家建築美學！

新埔義民廟――再現傳統廟宇的工藝之美

　　新埔義民廟，建於清乾隆年間，當時臺灣發生動亂，客家人自組義民軍，保家護鄉，罹難者達千餘人，為紀念殉難義民，集中骨骸埋葬，建立義民廟以表彰義民的義勇精神，清乾隆御賜「褒忠」，而名「褒忠亭」。褒忠亭在臺已有二百

---

[*] 本文初稿發表於2009年〈打開視覺的窗：看見客家建築美學〉，《客家文化季刊》。春季號，頁20-22。

年歷史，加上建築裝飾、彩繪等都有可觀之處，因而早期被列為三級古蹟，現為新竹縣定古蹟。

　　義民廟的外部建築空間採左右對稱，建築本體規模為「二殿二廊二橫屋」，三川殿面寬五開間，是本廟的主要門面與入口，三川殿與正殿均以大木結構、木雕、石雕、剪黏、彩繪等藝術作品著稱。廟前的石馬、廟後的義民塚和碑謁、廟內的「褒忠縣」匾額等，均是重要的歷史見證。

　　雕刻、剪黏與泥塑均是臺灣傳統廟宇常見的裝飾工藝。三川門為主要的出入空間，因此雕刻的作品精緻、裝飾也繁複，剪黏與泥塑因具耐久性且不怕日曬雨淋，故常見於屋頂裝飾，早期義民廟的屋頂裝飾以泥塑為主，屋脊線條典雅，裝飾較少，今貌為民國五十六年重修，屋頂裝飾以剪黏為主，飾品較以往華麗許多。三川殿屋脊的形式稱為三川脊，中央屋脊則呈現出廟宇的莊嚴性，因而屋脊上的裝飾上為雙龍搶珠，脊堵上層為麒麟、虎、豹、獅、象等祥獸，中層為人物，底層為墨魚、龍蝦、魚等，各飾品均栩栩如生。三川殿上的六道垂脊牌頭上，則以《三國演義》、《封神榜》的人物故事為主題，具有教化人心的功能。建築的繪畫裝飾稱為彩繪，為繪畫藝術的一部分。彩繪具保護木構件，更兼具教化人心的功能，因此，傳統彩繪的主題大多為吉祥事物、忠孝節義故事、歷史人物等。廟宇的彩繪由於經過多次重繪，因而較無法判斷早期的彩繪藝術，重繪後的整體觀感較為新穎，也較為華麗。

西螺崇遠堂──客家家廟建築的對稱美學

　　雲林縣西螺七崁的崇遠堂，是早年從福建詔安、官陂來臺墾拓的張廖族人，所建立的家廟總堂號，原創建於道光廿六年，原名為繼述堂，民國十七年移建現址，民國四十四年再度重整修建後，更名崇遠堂，堂內正中央供奉張廖氏族的歷代祖先牌位，並訂七條祖訓，傳西螺七崁的七崁，即源於此，而「崁」原為「欠」，意指子孫欠祖先恩澤。

　　對稱是自然美的形象表徵，崇遠堂的建築採取傳統的對稱形式，包括宗祠的外部建築，以及各種動物雕刻皆呈左右相對，左右相對的空間設計予人以安定感，視覺上也具自然、舒適的感覺，更符合大眾的審美觀點。

　　崇遠堂的建材相當講究，各種雕樑畫棟也都栩栩如生，整體看來大器又不失莊嚴。大門兩旁的石牆上為左青龍、右白虎的雕刻，用的是整塊石頭雕刻而成，雕工細膩，予人以威嚴、莊重的感覺。正門為五開間立面，屋頂採斷簷生箭口形式，此為日據後期臺灣閩南地區寺廟建築的特色。中央的門廳，為宗祠主要的入口，大門向裡退縮而形成凹壽，且大門左右兩側以一對龍柱與石獅形成中央空間視覺的焦點。內部的建築結構，大多以傳統的木構建築為主，用上好的檜木建材打造堂內的樑柱，宗祠內壁具雕塑與彩繪裝飾，牆上刻有中國《二十四孝》的圖像故事與各種吉瑞動物，或浮雕、或半立體形，造型生動，彩繪則出自鹿港名師柯煥章的手

筆,無論是石雕、木雕、彩繪等,均為不可多得的藝術作品。

躲在田野鄉間的山牆馬背[*]

田園風光的邂逅

　　在桃園鄉下時常騎著腳踏車到處閒晃,有許多阡陌小徑是我未曾到過的,因而常騎不同的路徑來探險,有時候不經意發現了許多不同造型、卻躲在田野鄉間的山牆馬背,甚是訝異,包括民居與土地公廟等等,於是常隨手拿起手機,利用其照相功能,便咔嚓、咔嚓的把那些美麗的造型攝下,抑或之後再帶相機專程去拍攝。這些山牆馬背,它可能只是在遠地一片青綠的樹叢之中,露出一丁點的馬背而已。以下我們將介紹什麼是山牆馬背,以及山牆馬背整體性的視覺藝術饗宴,包括了在山牆馬背整體藝術造型當中,常見的「懸魚」與「鳥踏」,並以自身在桃園鄉間地區拍攝的照片來圖解說明山牆馬背、懸魚與鳥踏的美學造型。

---

[*] 本文初稿發表於2015年〈躲在田野鄉間的山牆馬背〉,《美育》。第208期,頁85-90。

何謂山牆馬背？

　　臺灣有許多老式建築，含民宅、廟宇、土地公廟等等，具有許多傳統建築方面的功用以及美學概念。其中，山牆指的是屋子兩側之牆面，馬背就是在山牆頂端之鼓起物，為屋頂正脊兩端不翹起的部分，使垂脊由前坡順勢滑向後坡，形成拱起樣，狀似馬背，因而稱之。馬背與山牆連結成一整體性之造型，故而常以「山牆」或「山牆馬背」作為稱呼，其建築作用在於與鄰居的住宅隔開，也有防火的作用，而今人則以建築美學視之。

　　馬背的造型多變化，反映了中國陰陽五行的概念，也反映了民宅主人的性格。五行當中有金、木、水、火、土，在馬背造型中，金形馬背為一個大圓弧，具有財富的象徵，臺灣南部老式建築多金形馬背（圖9）；木形馬背為瘦直、頂端窄圓弧，象徵主人特質具樹木一樣向上的舒展個性（圖10）；水形馬背為圓弧帶水特性的花朵式曲弧線，象徵主人具有水一樣特質的圓融性（圖11）；火形馬背基本上具有對稱的四個銳角，有點像蝙蝠俠的造型，在廟宇中馬背的銳角或較銳利，抑或較為「火焰」，而一般民宅的火形馬背，其銳角則不那麼銳利，火形馬背則象徵住宅的防禦性，臺灣北部老式建築多火形馬背（圖12）；土形馬背為官帽式、平整頂端的方型，象徵種植與豐收之意，臺灣北部則少見土形馬背，因客庄中找無土形馬背可拍攝，但為呈現土形樣貌，只好以角

度法拍攝可能的偽土形，實為火型馬背。（參見圖13之偽土形）。具五行特徵的馬背或依其外型而簡稱成「金形圓、木形直、水形曲、火形銳、土形方」。

山牆馬背整體性的視覺藝術饗宴

說到山牆馬背的整體性造型藝術，不得不留意馬背之下、山牆面上或有懸魚、鳥踏、小窗或小孔等裝飾。馬背之下、山牆近頂端處，有些會有吊掛式的「懸魚」，「懸」即帶有吊掛的意思，吊掛著的魚，主要是因為早期老式房子多木造結構，最怕的就是失火，故而以水屬性的魚來吊掛以防失火，或也有擋風遮雨、平衡檁架之作用，再來也有諧音「年年有餘」之意。後來在建築構造當中，「懸魚」成為建築美學的構件之一，建築功用反而較少了，但懸掛物件樣式的類型卻琳瑯滿目，包括懸掛元寶、書、畫、錢、靈芝、珠、葫蘆、花籃、雲龍，以及獅子啣劍等等，這些物件均帶有吉祥意，但仍統稱為「懸魚」。懸魚之下，有時我們可見到一長或短的窄橫式構件，稱之為「鳥踏」，取之為給鳥兒歇腳之用，早期或具有建築線條上的切割之美，使整面的山牆牆面不致過於單調，又大概是因住家有鳥兒來，通常為吉祥或有靈性的象徵，其寬度剛好適合鳥兒停歇踩踏，因而才取名「鳥踏」，從此處建築設計當中也可看出早期建築與大自然融合的觀念。在懸魚的地方若無懸魚的造型，通常會有一至兩

個不等的小窗或小孔，因其造型小或為防禦作用，也為採光作用。普通民宅大抵連懸魚、鳥踏、小窗或小孔都沒有，或只有鳥踏、小窗或小孔，但無懸魚。一般富有人家才有懸魚的裝飾藝術，看其所懸掛之物件，可以反映主人之氣質或特質。

接下來我們從圖片來看這些山牆馬背的整體性造型藝術。

圖9為一般民宅，有大圓弧的金形馬背，馬背之下、山牆面上無懸魚，也無鳥踏，只是水泥色的牆面，因而整體造型相當簡樸，但馬背仍帶有三條圓弧型曲線，加上馬背其下山牆的線條，不失在簡樸之中，透露著層次的豐富性。

圖10為一座廟宇建築，中間為直立形的木形馬背，前為水波形的水形馬背，後則為火焰形的火形馬背，這裡火形馬背的銳角似乎顯得相當的「火」。

圖11為一棟民宅，具波浪形的水形馬背，斑駁而剝落的水泥色澤則呈現了古樸簡真的年代痕跡，馬背之下、山牆面上無懸魚也無鳥踏。

在鄉野之中若不仔細留意，便很有可能錯過了許多美麗的建築造型或圖案，因為它們總是不經意的躲在綠意盎然之草叢樹木當中，成為大自然中的一份子，也不和大自然搶色彩。例如，圖12像蝙蝠俠造型的火形馬背，為一般的民宅，馬背之下、山牆面上無懸魚，也無鳥踏，只兩個可以透光的小孔，像一對眼睛，守護著田園風光，雖無色彩層次，但它

在綠意的圍襯之下，則顯自然又帶有樸拙、素顏之美。

圖13為坐落在鄉下田野道路旁的土地公廟，在遠看或視覺角度不同時，其馬背造型狀似平面官帽的土形馬背，但走近一看時（見圖14），則仍然看得出其為具有銳角不甚明顯的火形馬背。

這座土地公廟的山牆馬背造型，其顏色與構圖甚是豐富，在客家的原色詞當中「青」便含括了藍與綠，因而其「青」的色彩便含括了四種青，含懸魚周邊深藍色底、左右各帶大小塊點的天藍，及其上帶一小點的綠色，與馬背四周淡藍色加之白、褐相間的線條，另外具有白色大小不一的雲紋、中間朱白相間彩帶與朱白相間的葫蘆式懸魚，又北部老式建築整體以紅色磚瓦為大面積，沒有小窗也沒有鳥踏，整個山牆馬背懸魚，給人的色彩與造型感覺甚是豐富，在典雅之中又帶點華麗的顏色配置與造型布局，至於「葫蘆」的諧音則帶有「福祿」的吉祥象徵。

圖15與圖16同為位於桃園新屋鄉范姜老屋第三幢的一對懸魚，其懸魚造型在五幢老屋當中是相當獨具特色的，因懸魚常為富貴人家的象徵，或認為在五幢老屋當中，第三幢建築則具華麗的特色。圖15懸掛的是錢幣，象徵財源滾滾，或有一說為鏡子，具明鏡高臺、清清白白之意，錢幣或鏡子兩側之乳白色半浮雕式紋雲弧線與襯底之紅磚搭配，則更顯造型之生動。鳥踏即在懸魚之下突出之橫線部分，橫跨整面山牆。

圖16為花籃式懸魚，相傳有一典故，是因范姜在當地是大戶，擁有許多田地，因而將田地租給許多的佃農來耕種，范姜家族非常照顧那些佃農，佃農也很感謝范姜地主，在過年過節時，因佃農窮苦沒什麼禮物好送給地主，因而佃農們紛紛以野花野草裝成一花籃送給地主以表感謝，范姜人士也為了感謝佃農的辛勞，故而在第三幢以花籃造型的懸魚來對佃農表示感恩，同時也有取花團錦簇之吉祥意。鳥踏即在懸魚之下突出之橫線部分，橫跨整面山牆，在花籃上側與兩側之乳白色雕飾與襯底之紅磚搭配，則與其右邊之錢幣式懸魚相對稱，在前景綠葉的襯托之下，則更顯得在高貴之中帶有樸實性之優雅感。

在圖17這張圖中，雖是一般民居住宅，但錯落交疊的山牆馬背形成了一種復古風。圖片中除了出現之前介紹過的水形與火形馬背之外，最前面的為風馬歸馬背，為臺灣特有的馬背造型，此通常為更平民（或貧民）的住宅，抑或在不同造型的馬背群堆中代表最低階的建築，因為不太可能出現在家中正廳屋頂上的馬背，也通常不會是家中長輩或掌權者房間屋頂上的馬背造型，但為下人所居或放置貨物倉庫間之馬背造型，因而在不同的馬背造型之中，多少仍反映了某種階級或長幼輩份之尊卑或倫常關係。雖然色彩性與造型性均不足，但剝落而斑駁的古典性卻仍殘存在其中。

各種不同造型的馬背常錯落的出現在同一家族之民宅當中，圖18之馬背由中至側分別為火形馬背、水形馬背、火形

馬背，山牆上雖無懸魚，但延著垂脊處之山牆邊仍留有斑駁之寶藍色調，再搭配屋脊上紅色之網格、紅色網格兩側白色長方塊狀、上下兩道白色之紋路及其深藍之底色，加之屋後整片綠意竹林、水藍天空之襯托，大概可以推測在早期民居當中，應是當時較為華麗而典雅的建築，帶有樸實又高貴之氣質。

在民居建築之屋脊兩側除了常見的馬背造型之外，另有像燕子尾巴的燕尾造型。例如，圖19是位於桃園市新屋區的范姜老屋第五幢，早期列為國家三級古蹟，今為市定古蹟，其屋脊兩側之燕尾造型配合著淺橘色之紅磚、少許白色之牆面與屋脊，雖然它的「白」仍看得出為近現代新翻漆的白，**翻修後的紅瓦也少了一點古意，但若在夕陽照射的輝映之下，整體造型則顯得在華麗高貴之中仍帶著優雅之氣息。在其五幢老屋建築當中即有兩幢具有燕尾造型，圖19為范姜家族之公廳（祠堂），燕尾多達四對（因拍攝角度關係無法看清楚四對），算是民居當中富貴人家之象徵。北部民居建築具燕尾造型者多為富貴或做官人士之建築才有，南部則只在廟宇建築之中才可見燕尾造型。

> **名詞方塊**

范姜老屋群

位於桃園市新屋區,客語稱之為「范姜老屋」,總共留存五幢老屋,第一幢老屋已將原有老屋拆除並改建為范姜觀音寺;第二幢老屋的特色在於典雅的白色牆面;第三幢在五幢老屋中則較為華麗,馬背下的懸魚造型為其特色;第四幢的馬背則已油漆為白色,其特色在於正門兩旁的窗戶上方有書卷裝飾,並掛有「陶渭高風」的匾額,具古典風貌;第五幢為范姜祖堂,早期列為國家三級古蹟(今為市定古蹟),其燕尾造型相當典雅。

「新屋」地名的由來

桃園市新屋區的「新屋」地名由來,是在雍正年間,廣東惠州府陸豐縣姜姓族人相率渡臺,後改複姓,以紀念原生父姓與繼父之父姓。至乾隆年間移墾至今新屋,並用顯著的紅色磚瓦建一新的房屋,因而村民稱其房子為「新起屋」,久之此地就以「新起屋」為莊名,簡稱「新屋」,這座「新起屋」亦即現在所說的「范姜老屋」。

國家古蹟與市定、縣定古蹟

《文化資產保存法》(簡稱《文資法》)於1982年公布施行,古蹟分為三種,分別為國家古蹟(一級古蹟)、直轄市古蹟(二級古蹟)及縣市級古蹟(三級古蹟),1997年《文資法》修定後,古蹟不再分級,而是以國定古蹟、直轄市定古蹟、縣(市)定古蹟三類來分。以桃園新屋范姜老屋群來說,其2號與3號古屋於2021年9月列為桃園市定古蹟,在這之前,6號、9號老屋於縣府時代已列為古蹟。

繽紛客家・新屋我庄[*]

繪攝我庄新屋

　　從小生長的環境——新屋區，它是一個富有田野鄉間氣息、有著傳統民居散落，且自然與人文藝術氣息都很有氛圍的一個客家庄。常於鄉下騎著腳踏車到處晃，遇見許多美麗的風景（圖20-22），甚是驚喜，便隨手一拍，自然風光與建築融入於在地的田野當中，成為一美（圖9-19）；而在田間陂塘間所見的鳥類自然生態環境，也是一美（圖6-7）；新屋的語言呈現多元文化，更是人文之美。

　　因為生長環境，加上自己的繪畫能力、客家語文專業，因而創作了許多繪本，也喜歡繪攝鄉村景物。

語言我庄新屋

　　大學畢業後工作一段時間，才知有客家相關的研究所，

---

[*] 本文初稿發表於2016年〈繽紛客家・新屋我庄〉，《桃園客家》。第6期，頁70-73。

抱著想來瞭解客家，因而一投入便是研究客家十餘年。其間畢業論文便是從我庄新屋當地弱勢的豐順腔開始，到海陸腔特色的田野調查等等，也因而讓我更加親近家鄉的人文土地與瞭解家鄉的語言特色。

　　有關桃園新屋客庄語言，向來是劃分於「海陸腔」，但事實上，此區的語言種類繁多，多數居民具有雙方言以上的能力，海陸客語雖為大宗，但與新竹海陸客語卻有著不同的特色，尤其「仔尾詞」在新竹有著明確的「er」音，新屋海陸則傾向於在一詞彙中的尾字變成高調結尾；新屋各地的其他腔則在各自的特色之中融入了當地海陸腔的特色。如：四縣客語受海陸影響或曰四海話，為數亦不少；水流羅姓軍話，原為官話的一支，但長期受海陸影響而海陸腔化；其他客語次方言如槺榔村的長樂話、犁頭洲的饒平話，呂屋的豐順話，以及零散的永定話、揭揚話等等，大多也都海陸腔化較多；閩南語則以沿海村落居多，尤其在大牛欄的偏漳腔與蚵殼港特殊的泉州腔，因帶有濃濃的客語特色，可稱為全臺閩南語數一數二的特色語之一；另外，新屋區也有少數原住民族群居住，加上鄰近新屋地區的語言如：觀音藍埔金湖高姓豐順話、中壢三庄屋秀篆邱姓詔安話，楊梅、平鎮四海話，新竹湖口鄉的四縣與海陸話，新竹新豐鄉的海陸話等等。由此可見新屋地區及其四周語言環境的複雜性，此則反映了新屋區語言文化的多元性。

繽紛客家・新屋我庄　99

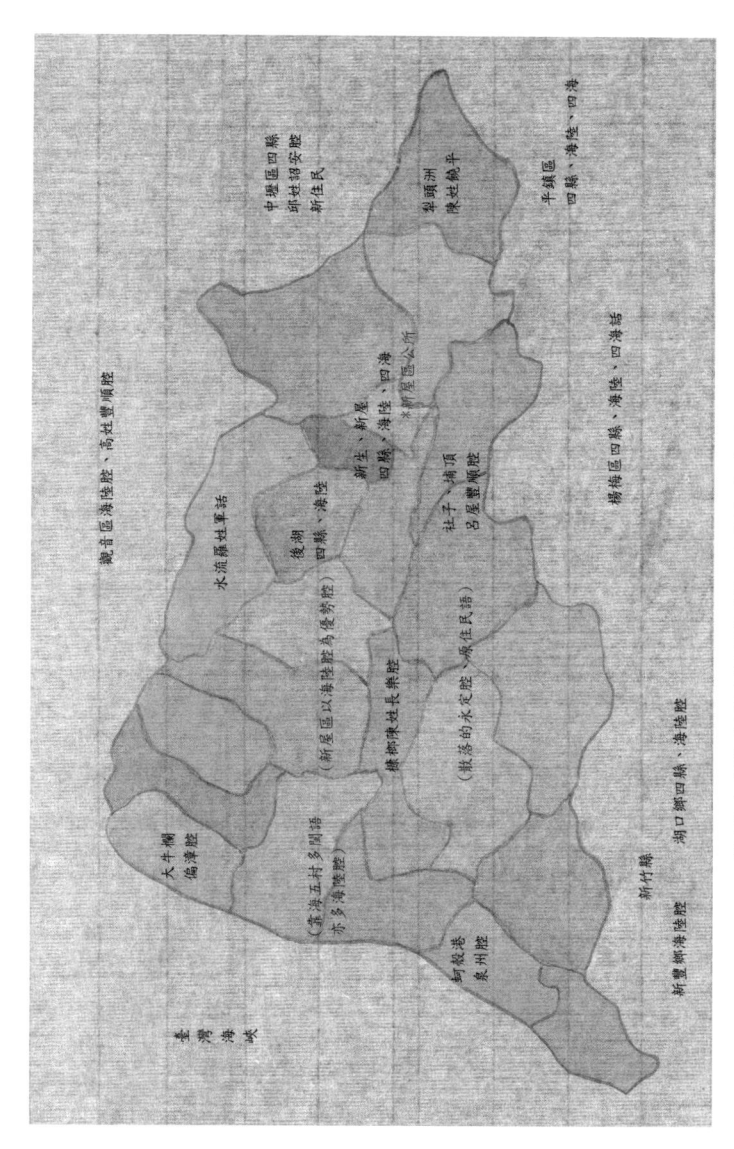

桃園市新屋區及其鄰近地區語言分布圖（賴文英繪）

觀音區海陸腔、烏姓豐順腔

中壢區四縣
邱姓詔安腔
新住民

犁頭洲
陳姓飴平

平鎮區
四縣、海陸、四海

水流軍羅姓軍話

後湖
四縣、海陸

新生、新星
四縣、海陸、四海
新屋區公所

社子、滿頂
呂姓饒腔

楊梅區四縣、海陸、四海話

大牛欄
海豐腔

（新屋區以海陸腔為優勢腔）

樓仔陳姓長樂腔

（羅屋的永定腔、原住民語）

（崁頭五村多開語
亦多海陸腔）

湖口鄉四縣、海陸腔

蚵殼港
泉州腔

新竹縣

新豐鄉海陸腔

臺灣海峽

發想新屋客庄藝術人文

新屋區的語言雖以海陸腔為大宗，但一些其他的方言卻也存在於各方，而另一些方言則因弱勢而退居於家庭長者的語言，但也因為新屋區有著多樣性的語言發展，而逐漸形成新屋語言的文化特色，此種語言文化特色一來具多元文化背景的基礎，二來則在多元之中形成了區域整體的文化特性。客家文化本就以語言為基石，若語言不見了，那麼所謂的客家文化終究將成為一個虛殼而已。文化的多元性本就是一種珍貴的文化資產，因而在研究了客家語言二十餘年，出版了幾本專著後，又開始發想我還可以為自己的家鄉做些什麼？文化、生活應與藝術人文環環相扣，這樣才能營造一個完完全全富有人文藝術氣息的客庄藝術城。

在桃園市的十三區中，有八區列為客家文化重點發展區，分別是中壢區、楊梅區、龍潭區、平鎮區、新屋區、觀音區、大園區、大溪區（如下頁圖），其中新屋區的客家人口比例為76.56%，顯示的客語腔調為海陸腔，顯示的特色產業為新屋芋香米（桃園3號米）。（資料來源：「桃園市政府教育局」網站：https://www.tyc.edu.tw/cp.aspx?n=6141）

對於我庄新屋有一些想法，期能有計畫執行客庄建築美學調查研究，計畫若現在不做，一來擔心以後這些美麗的環境會不見，那就無法做了，故而可先選定建築美學為研究主題；二來更希望藉此計畫可以達成的是，在我們還來得及

的時候，有一群人可以聽到或看到一些想法，願意落實執行客庄藝術城的發想！若日後得以具體落實，當地的語言、人文、藝術便可相互結合，不但可延續語言的發展、語言研究，更可提升居民人文生活的品質。

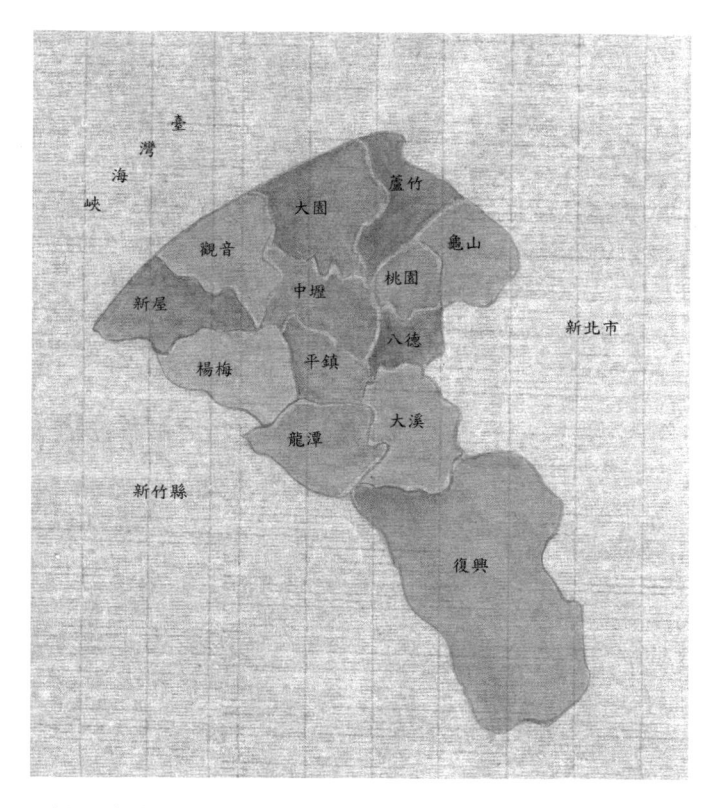

桃園市客家文化重點發展區──八區（賴文英繪）

文化資產之美：海洋客家文化[*]

桃園新屋係全臺灣特有个海洋客家文化地區。其中，新屋蚵間石塭仔群，按《文化資產保存法》，在2019年登錄做文化景觀。

新屋蚵間石塭仔群，係清朝時期起个，用在地石牯——卵石，在淺水項一隻一隻仔疊起來个，透過流水个變化，正建構出老古時代打魚仔个方式，係人類生活智慧摎自然互動个文化地景。彎彎斡斡个景觀，形投乜像魚鱗，分布完整，當罕見，係人摎自然个互動，有紀念性、代表性，也有歷史、文化、藝術、科學个價值，也有對土地永續利用个價值。

利用新屋、觀音海洋客家文化作為基礎，摎永安漁港、藻礁，還過就近仔个客莊老屋、廟、美食等等，做一隻結合，形成海洋客家產業線，深根在地文化、海洋文化。

比論講，早期係警察局摎宿舍，轉型做新屋石塭故事館，有環境教育个意義，傳承百年石塭仔文化。

---

[*] 本文資料以客語寫之，初稿發表於2022年〈海洋客家文化〉，《客家學院電子報》。第398期（2022-06）。

本旦係軍方海防基地，在後也改建做全臺灣第一座海洋客家牽罟文化館，分民眾瞭解客家先民因應自然生態打魚仔个方式。

　　還過，因爭漁港、牽罟、歕都、石塭仔，都係當地傳統打魚仔个方法，故所起出海螺形式个海螺文化體驗園區，中央个地景藝術反映客家噴都聲个意象，園區脣也有石塭仔个形式。

　　另外，這搭仔還有觀新藻礁生態系野生動物保護區，這片个藻礁斯有七千零年个歷史囉！

　　整體環境來講，新屋這位有涿涿个海客風情，來這遶，定著做得分大家過較瞭解海洋客家文化。相關圖片見圖27-28。

> 名詞方塊

文化資產保存法

據文化部2016年修定《文化資產保存法》，將具有歷史、藝術、科學等文化價值，並經指定或登錄之下列有形及無形文化資產：

一、有形文化資產

（一）古蹟：指人類為生活需要所營建之具有歷史、文化、藝術價值之建造物及附屬設施。

（二）歷史建築：指歷史事件所定著或具有歷史性、地方性、特殊性之文化、藝術價值，應予保存之建造物及附屬設施。

（三）紀念建築：指與歷史、文化、藝術等具有重要貢獻之人物相關而應予保存之建造物及附屬設施。

（四）聚落建築群：指建築式樣、風格特殊或與景觀協調，而具有歷史、藝術或科學價值之建造物群或街區。

（五）考古遺址：指蘊藏過去人類生活遺物、遺跡，而具有歷史、美學、民族學或人類學價值之場域。

（六）史蹟：指歷史事件所定著而具有歷史、文化、藝術價值應予保存所定著之空間及附屬設施。

（七）文化景觀：指人類與自然環境經長時間相互影響所形成具有歷史、美學、民族學或人類學價值之場域。

（八）古物：指各時代、各族群經人為加工具有文化意義之藝術作品、生活及儀禮器物、圖書文獻及影音資料等。

（九）自然地景、自然紀念物：指具保育自然價值之自然區域、

> 特殊地形、地質現象、珍貴稀有植物及礦物。
>
> **二、無形文化資產**
> （一）傳統表演藝術：指流傳於各族群與地方之傳統表演藝能。
> （二）傳統工藝：指流傳於各族群與地方以手工製作為主之傳統技藝。
> （三）口述傳統：指透過口語、吟唱傳承，世代相傳之文化表現形式。
> （四）民俗：指與國民生活有關之傳統並有特殊文化意義之風俗、儀式、祭典及節慶。
> （五）傳統知識與實踐：指各族群或社群，為因應自然環境而生存、適應與管理，長年累積、發展出之知識、技術及相關實踐。

文化資產之美：客庄八本簿[*]

　　八本簿係一種有關水利个宗教信仰，係全臺灣最大無固定廟宇輪值祭拜个一種祭祀圈，分布在三七圳周邊个楊梅、新屋地區，地區分做八隻領域，逐隻領域各有一本簿仔，記載等人丁摎丁口錢，逐年在舊曆八月由輪著个庄頭，輪值祭拜。八本簿有關个人、事、物、時、神，下背來講。

曾茂公摎三七圳水利

　　清朝乾隆時期，有一人安到曾坤茂，揹等三界爺（三官大帝）來臺。該央時，逐隻位所開墾當需要水資源，清朝時，當多械鬥就係摎爭水有關。該央時，桃園大圳還吂有，曾茂公就在楊梅、新屋引社仔溪个水，挖一條圳仔，對楊梅到新屋个漁港入海，圳仔脣个村庄，開墾耕田就有水資源做得用。該央時个挖圳，還會驚番仔（平埔族）來出草（剮頭），挖圳係當危險个一件事情，無恁該做，毋過水利資源又當重要。圳仔起好後，因為社仔溪溪北得水三分，溪南得

---

[*] 本文資料為田野調查所得，整理文本後以客語寫之。文末之客語詩初稿發表於2020年〈三七圳〉，《文學客家》。第42期，頁77-78。

水七分，故所圳仔就安到三七圳。

因為曾坤茂對該央時个水利興建貢獻當大，大家尊敬佢，就安佢為曾茂公、曾先公。曾茂公無子嗣，後來个人為著紀念佢，想愛摎佢起一隻廟來祭拜，結果跌無聖筊，大家就肨想講，可能曾先公好巡田水，無想愛固定在一隻位所，故所村民就想著用輪值个方式來祭拜。除忒祭拜曾先公，還有祭拜三界爺。大家就摎溪北个村里分做五部分，溪南个村里分做三部分，逐隻部分各有一本簿仔來記載該隻領域个人丁摎丁口錢，合起來就有八本簿仔。

祭拜流程

1965年開始有八本簿个祭典。逐年輪著个村庄，愛有爐主來主祭，八年會輪著一擺。在前一年，逐戶就愛跌聖筊，跌最多聖筊个人就愛做爐主，假使無才調做爐主个人，做得放棄忒，分得第二多聖筊个人來做爐主。爐主平常時先摎曾先公還過三界爺請轉屋下來祭拜，到了舊曆八月十號邊仔，會看好个日仔，毋過日仔毋會到八月半過後去，到該日，正由爐主請去公眾个地方，大家都做得來拜。在輪著个庄頭，大體會在伯公脣搭一隻棚仔，連等兩日拜，連等兩日請戲班仔來做戲。

這下有八本簿委員會，逐年會摎逐戶去收丁錢，屋下細倈人摎餔娘人愛納丁錢，一丁三十個銀，餔娘人就算半丁，

簿仔頂就會記載等這兜資料。這隻時代，無分男女，都做得納丁錢。

老頭擺較大棚个，還會剛豬公來祭拜。逐戶會準備牲儀、水果、紅包仔，還過新丁粄來祭拜。有一種講法，因爭曾先公好食紅粄，佢又無後代，故所在這八年之內，屋下有新丁个，就愛打一大盤新丁粄，疊到錐錐，最頂高還會插一枝柏樹，表示長壽，屋下係有兩個新丁，就會疊兩盤新丁粄，恁樣類推下去。

文化資產个意義摎時代个變遷

八本簿係一種客庄文化个宗教祭典，算係無形个文化資產，佢有古物，像係曾先公像、三界爺，八本簿仔，也有有形个文化資產，像算歷史建築个三七圳，假使這兜有形个摎無形个文化資產還做得保存完好，應當做得申請國家或者桃園市定个無形文化資產，藉由政府个力量，傳承寶貴个文化資產。

隨等社會、時代个變遷，這下有人講，曾先公巡田水巡恁久了，莫過分老人家恁悚了，加上這下个後生人愛上班，無閒來摵這兜事，這幾年，堵好也有善心人士在新屋捐一大垺地，準備愛來起廟，這下先搭一隻臨時个廟。2021年開始，輪值个日仔也固定在舊曆八月个第一隻拜六、禮拜兩日來祭拜。希望，輪值个方式做得有彈性小可仔个變化，但係

文化歷史个意義，千萬愛撩佢保留、保護、維護，還過撩好个精神文化傳承下去。相關圖片見圖23-26。

三七圳（詩）

三七圳
一條又長又舊古蹟
楊梅流向新屋入海
灌溉鄰莊農田水利

開圳者
先人曾公孤身來臺
引社子溪辛勤開圳
溪南田業得水七分
溪北田業得水三分
是以名之為三七圳

八本簿
鄉民感懷先人開墾
溪南五本溪北三本
秋冬八月酬謝祭祀
有係為還福平安戲
三界爺水利宗教祭

巡田水
先人辛勤總不為己
願魂魄於圳邊巡水
流域跨界鄉民團結

新丁粄
講係先人所愛之食
更有保鄉衛民之意
恁樣恁樣个三七圳
仰做得恁攉忒孤栖

貳.研究篇

客語繪本的創作與應用：
兼談在地繪本的開發[*]

　　本文從歷時角度，概述客家繪本的發展歷程，含客家繪本從童謠發展到客語繪本的四個階段；而後再從共時角度區分繪本的類型，含典型與非典型客語繪本，以及談論客語繪本的創作與應用層面。最後則以臺中市開發的在地客家文化語言繪本為例，分別從沉浸式客語繪本教學、客家文化的在地生根來論。

關鍵詞：客語繪本、在地性、沉浸式教學、繪本教學

---

[*] 本文初稿發表於2021年〈客語繪本的創作與應用：兼談在地繪本的開發〉，臺中客家文化研討會暨古國順教授紀念論壇。臺中市：靜宜大學中文系。

概說

　　在臺灣，客語處於世代斷層的危機，同時臺灣客語也面臨瀕危語言的階段，如何力挽狂瀾使客語向下扎根，則有待政府與相關機構，以及各界人士努力。在教學部分，近年則力推沉浸式客語教學，以期能在最短時間收最大之成效。然而教學又涉及到教材，因而一般被認為屬兒童文學的繪本，圖文並茂，應能引起最大的學習動機。故而此文以客家繪本發展歷程，先從歷時角度，概述客家繪本的發展歷程，接著為典型與非典型客語繪本，以區分繪本的類型。最後為在地客家文化語言繪本的開發，並分別從沉浸式客語繪本教學、客家文化的在地生根來論，並以臺中市開發的在地客家文化語言繪本為例來分析。

　　目前客語繪本的創作越來越多元化，其應用層面也越來越多元，近年來逐漸有相關的論文產出，例如，溫曼伶（2011）與曾美貞（2016）均有從資訊科技角度的客語電子繪本創作，以融入客語教學為研究主題，以及吳秀貞（2015）以繪本融入戲劇來看客語教學成效，而謝螢萱（2017）則從客家兒童繪本中的視覺圖像表現來研究，期盼可透過繪本來認識客家文化。在上述文獻的探討中，研究出對提升客語沉浸學童之客語聽說能力，均有一定之成效。

　　本文預期目標有以下四點：
　　1.整理客家繪本發展歷程。概述客家繪本從童謠發展到

客語繪本的四個階段。
2.提出典型與非典型客語繪本的觀點。
3.製作圖示客語繪本創作的融入與應用範疇。
4.論述在地客家文化語言繪本開發的重要性。含沉浸式客語繪本教學，以及客家文化的在地生根。

　　希冀透過本文之分析，以增進客語繪本的創作與應用層面，含客語、客家文化的在地生根。

客家繪本發展歷程

　　客家繪本的發展，早期以客家童謠、兒歌類的繪本創作為主，如馮輝岳、陳維霖（1996），練秀美、李惠娟（2003），吳明忠（2003），李貴盛企畫主編（2005），張捷明（2012）等等。此間也逐漸產出客語故事繪本，如馮輝岳、徐兆泉（2003）編撰之系列性五本繪本，林仲屏、吳嘉鴻（2004），吳聲淼、蔡詩偉（2005a, b, c），張捷明（2010a, b）等等。不過，在這期間出版的繪本，大體由縣市政府出版為主要，只少量委由坊間出版社出版。

　　近年來，本土語言的應用越加受到重視，由縣市政府出版的客家文化內涵為本的客語與非客語寫作繪本，為數也不少，如臺北市的《生趣介人公書：我的第一本客語繪本》（2003），新竹的吳聲淼（2005a, b, c），基隆市的徐拙能（2011）、陳美玲（2011）、曾仁德（2011）的一系列繪本

設計，桃園的桃園縣客家語教師協會編輯（2005）、馮輝岳（2012），苗栗縣的江寶琴等（2012），高雄市的鍾理和（2012），屏東市的曾美玲總編輯（2015）的一系列繪本，臺南市的管世瑗文、蘇菲亞・劉（2016），新北市的林奕華總編（2017），以及後文第四節提及的臺中市所出版的一系列繪本。

近年來，由於客家委員會、文化部推行本土語言創作，也產生了不少客語繪本，以2013年為界，如賴文英（2013a、2017a、2018a、2019a、2020c）、邱春美（2014）、烏衣行文字指導（2016）、彭歲玲（2017a, b、2018、2019）、馮輝岳（2018）、張捷明（2019、2020）等等。

茲將本節所述客家繪本發展歷程，整理成如下的四個階段：

1. 客家童謠、兒歌繪本創作期：1996年～
2. 客語故事繪本創作萌牙期：2003年～
3. 縣市政府出版的以客家文化內涵為本的客語與非客語寫作繪本盛產期：2011年～
4. 客語繪本創作多元期：2013年～

其中客語繪本創作多元期，包含2018～2021年度由文化部本土語言創作及應用補助的客語繪本，分別為：

【2018年】

1. 賴文英／《荷花个故事》客語知識性繪本出版。
2. 馮輝岳／馮輝岳客語童謠創作集《大目珠》（暫定）出

版計畫。
3. 張捷明 / 客語有聲書「揚尾仔十八家」童話童畫創作。
4. 彭歲玲 / 客語童話繪本有聲書「沙鼻牯、細黃狗、紅猴仔」套書創作。
5. 劉惠月 /「醮个記憶」──客語大埔腔有聲詩集。
6. 六堆文化傳播社 /「阿兵哥謠謠樂」客家幼苗母語扎根計畫。

【2019年】
1. 彭歲玲 / 客語詩畫選集「記得你个好」暨詩歌音樂短片創作。
2. 陳志寧 /「長頸鴨」客家語兒童故事編輯出版計畫。
3. 賴文英 /《富與窮》華客語對照繪本創作（附客語四縣、海陸拼音）。
4. 張捷明 / 客語童話有聲書「阿姆～阿姆～天又爛空囉」。

【2020年】
1. 張捷明 / 客語童話有聲書《銀色个夢》創作出版暨廣播應用。

【2021年】
1. 張捷明 / 客語童謠創作出版及動畫製作《十二隻鴨仔扭筍胐花（十二隻鴨子扭屁股花）》。
2. 鄒雅荃 / 細人仔聽戲：客庄故事採寫畫說。

典型與非典型客語繪本

本節將談論客語繪本的創作與客語繪本的應用層面。含繪本依文學性的分類,以及典型與非典型客語繪本的觀點。

繪本一般分成文學性與非文學性兩大類別。文學性指的是其內容以故事性的文本為架構,上一段所提書目,大抵屬此類為主要;非文學性的繪本則非以故事為主軸,帶有較強的知識性、性別平等、反霸凌等等教育性議題的繪本,如江昀(2013)生命教育類的客語繪本,賴文英(2018a)介紹荷花生態的知識性客語繪本,此類客語繪本則是目前數量甚少的創作。

典型客家繪本指的是不論文本是客語或非客語寫作,其內容主題與客家文化有較密切之關聯,而典型的客語繪本指的是文字以客語寫之,且內容主題與客家文化有較密切之關聯,如後文即將提及的少數繪本非屬此類外(後文即將提及),其餘多屬此類典型繪本。非典型客語繪本指的是,這類繪本的內容主題與客家文化較無密切之關聯,但文字以客語書寫,如賴文英(2018a、2019a)。在推動客家文化的當下,或許有人不認可此類非典型客語繪本的創作,但筆者的想法是,在科技、外來文化的強勢滲透之下,客家勢必要跟上時代的進步,並接受多元文化帶來的挑戰,不能只是原封不動,例如,江昀(2013)以生命教育為主軸的繪本,有其意義。或許,我們更要想辦法在客語課之外,跨領域整合

教材的運用,而非典型的客語繪本,自能發揮其功能。只不過,在發展多元文化中也要保有己身的文化特色,不過也不必太過擔心非典型客語繪本的創作,因為只有客語繪本多元性的發展,才能更加立足於以語言為載體的客家文化發展。在未來,非典型客語繪本是否能發展成另一獨特的客家文化特色,則有待時間檢驗。

典型與非典型客語繪本之關係,基本上不存在屬非客語文字且又屬非客家主題之客家繪本,因為這一類的繪本不能屬客家繪本。如下所示:

表一:典型與非典型客語繪本之界定表

	客語文字	客家主題
典型客家繪本	V／X	V
非典型客語繪本	V	X
非屬客家的繪本	X	X

在地客家文化語言繪本的開發

本節分別從沉浸式客語繪本教學、客家文化的在地生根來討論臺中市[1]開發的在地客家文化語言繪本,以及語言繪本

---

1 此文初稿於臺中市發表,其主題為臺中的在地開發,是故以臺中市為例。

的應用。

　　「沉浸式教學」指的是營造一個自然使用母語溝通及教學的環境。以臺灣客語沉浸式教學而言，目前考慮到學生的吸收與接受性，教師教授客語時，採至少50%的客語教學。但若客語只存在於客語課程的教學環境之中，只怕教學成效還是有限。是故，為了收事半功倍之效，除沉浸式客語教學外，增進教學法、教材內容，則能相輔相成。同時，利用沉浸式客語繪本教學，圖文並茂，對學生的吸引力則更高；在地客家文化語言繪本的開發教學，則更能強化對客家族群語言文化之認同感。

　　沉浸式在地客語繪本教學的優勢，本文歸之有以下五點：

1. 故事性的客語學習，易收語言學習成效；
2. 在地文化教材學習，可在潛移默化當中，提升認同感，並得以向下扎根；
3. 客家文化融入主題教學與日常生活息息相關，實用性高；
4. 精彩之圖文賞析與學習，可培養學生美感的鑑賞能力，以及對創作的潛在能力；
5. 繪本內容也易延伸至桌遊等活動之開發與學習，活化教學。

　　例如，由臺中市客語在地化教材開發工作坊研發設計整套的《臺中山城小旅行》，以及相關的線上動畫等，其目的就

是希望提供學生有很好的沉浸式客語教學的教材與環境。再如東勢幼兒園實施之沉浸式客語教學方法，是以幼兒生活及在地文化為中心的在地文化扎根，甚而與臺中市政府客家事務局合製作教保活動教材，例如《東勢新丁粄：客語版（大埔腔）》，此繪本以簡單的言語講述東勢新丁粄的由來，繪畫圖像饒富童趣。

臺中市，抑或臺灣臺中大埔客語集中區的東勢，其文化特色為何？尤其是顯現於在地性的客家文化特色為何？透過在地文化融入於客語繪本教學，潛移默化當中，文化深植人心，自然而然，認同感便產生。臺中在地客家文化特色含有東勢新丁粄的由來，因而由在地幼兒園老師與市府團隊翻譯的《東勢新丁粄：客語版（大埔腔）》，以在地大埔音客家話，標示在繪本中。客家人會製米類的糕點，其一稱「紅粄」，在家中有新人丁加入時，會以紅粄來拜拜，此時的紅粄會特別稱之為「新丁粄」，客家很多地方都有拜新丁粄的習俗，尤以東勢地區發展成較盛大的「新丁粄節」。此繪本深具在地文化特色，因而適合提供親子共讀，也是沉浸式客語教學的優良繪本教材。

屬系列性的在地童書《魯班爺爺在東勢：客語版（大埔腔）》，一樣由在地幼兒園老師與市府合作翻譯，改作為大埔腔客語版，以大埔腔客語用字書寫，並為其加註大埔腔客語拼音，同時亦進一步錄製大埔腔繪本光碟。魯班爺爺指的是巧聖先師，為歷史上有名的建築師，後為建築師、泥水師

傅、木匠師傅所拜。臺灣的巧聖先師廟主要位於新北、苗栗、臺中，尤以位臺中東勢的巧聖先師為開基祖廟，也成為在地客家文化特色之一。其他系列性的在地童書還包括《東勢鯉魚伯公：客語版（大埔腔）》、《伯公伯公在哪裡？》等。此系列性童書在傳遞在地文化故事的同時，能形成認同感，也能具有客家語言教材的價值。

期望本文之分析，能為客語教學、客語繪本、客家文化在地性的認同感，有所助益。

環扣鏈結策略與客語繪本
共讀淺談[*]

　　本文從客語繪本多元教材設計的理念談起，提出環扣鏈結策略，進而分析客語繪本共讀策略，探討客語繪本應如何從親子到家庭共讀，甚而從家庭到學校、社區，抑或與大專院校相關科系結合、由社區推及到各個家庭，以達到客語推廣與沉浸式客語的目的。期望如此的客語繪本共讀策略，可以活化客語普及於家庭中使用，也達到沉浸式客語家庭與沉浸式客語教學，同時提供客語教材設計、繪本創作的方向與想法，同時也提升客語繪本中客家文化在地性的認同感。

關鍵詞：客語繪本、教材設計、共讀、沉浸式教學、環扣鏈結策略

---

[*] 本文理念初發表於2021年「國家語言發展會議」第三場分場論壇與談人〈教學資源的多元化設計：客語繪本的創作與學習〉、2021年「國家語言發展會議」推廣活動主講人〈家庭共讀與遊戲客語繪本：以花鳥生態系列繪本為例〉；本文初稿發表於2023年〈環扣鏈結策略與語繪本共讀淺談〉，2023寓藝非凡：藝術教育的承先啟後研討會。新北：國立臺灣藝術大學藝術與人文教學研究所。5月26日。後收錄於會後論文集《2023寓藝非凡：藝術教育實踐的承先啟後研討會論文集》，頁56-68。新北：國立臺灣藝術大學藝術與人文教學研究所。

概說

　　有感於臺灣客語傳承斷層嚴重，筆者思索著一個問題，即客語的推廣應有所突破才行。幸而客家委員會於2021年提出「提升客語社群活力補助作業要點」政策，基本上也是欲落實客語進入社區、回歸家庭；又據《國家語言發展法》規定，自111學年度起，包含閩南語、客語、原住民語、馬祖閩東語在內的本土語言，以及臺灣手語，都列入中小學生的必修課程，此政策也是欲讓本土語言回歸家庭的配套措施。雖說現階段的教育本來就是經由教育行政單位、學校、家庭與社區以及社會整體的努力，但依據客委會（2022）臺灣客家民眾客語使用情況之最新調查報告，語言的世代傳承指標是落在嚴重瀕危的第2級。因而客語目前為瀕危階段，我們更應該思索除現階段的政策規範、教學因應等措施之外，是否在推行客語進入社區、回歸家庭之時，必須從多管道進行，才能挽救極瀕危之本土語言？故而本文從客語教材、教學觀點，提出客語繪本共讀策略，此策略或涉及到政府與相關機構的政策制定，以及學校、學界、各鄉鎮村里長、家庭，還有各界人士的努力。在教學部分，近年則力推沉浸式客語教學，以期能在最短時間收最大之成效。然而教學又涉及到教材，一般被認為屬兒童文學的繪本，圖文並茂，應能引起最大的學習動機。故而下文先介紹何謂環扣鏈結策略，並以多元教材設計為例說明；接著為客語繪本共讀，說明如

何從家庭推廣到學校、社區,抑或從大專院校推廣到社區、家庭、學校,同時分析客語繪本共讀或教學之優勢;最後為客語推廣與沉浸式教學,提出遊戲客語繪本的內涵,以及提出如何以沉浸式教學來共讀客語繪本的具體建議方案。

環扣鏈結策略──以多元教材設計為例

本文提出的策略暫且以「環扣鏈結策略」來命名,指的是在制定政策、設計教材、師資培育等等,一來用一種遠視、遠觀的思維制定,再來想方設法讓每個政策或執行面均能相扣,不僅一環扣著一環成環狀,也要讓十二年國民基本教育課程綱要強調的「統整性」亦同步融入於環之間,使具延伸性而成鏈結性,是循序漸進的概念,也是多元功能的發展,更是人才、教材、教學永續經營的理念。例如,一項政策制定後,後續的執行、規劃,涉及到的單位等等,都要能含括進來,以讓政策可以發揮最大的效益。再如,《國家語言發展法》、《客家語言發展法》訂定後,有關的客語師資培育、客語教育、教材設計等等,除了涉及班級經營、教學行政之外,還涉及到教材編寫能力、跨領域能力的培養等等;培育人才之外,如何讓人才有出路並發揮其長才,此也是一個政策上的大問題,這些均屬環扣鏈結策略。本文提出之環扣鏈結策略,主要應用在語文教材的設計,內容方向要能一環扣著一環,以及如何將教材結合教學,教材教法形成鏈結

關係，同時包含教材教法延伸應用與繪本共讀制度訂定層面的鏈結。因是初步提出環扣鏈結策略，許多面向可能還不成熟，本文僅以實務經驗的教材設計與繪本應用作為實例分析，提供環扣鏈結的理念，對於教學行動研究，則有待相關制度的訂定與執行，以求更具體的成效分析。但以筆者多年來語文教材在各大專院校教學具肯定性的評鑑成績，以及繪本創作數年來得到文化部獎助的肯定來說，故有此文產出並大膽提出環扣鏈結策略，就教大家。以下則從某些具體的教學經驗來談有關的客語繪本創作，以及客語教材設計的環扣鏈結策略。

　　例如，在具有繪畫能力（A）與客語文能力（B）時，可以跨領域法，將其結合用之於客語繪本創作（C），進而應用於教學當中（D），其中（A）+（B）→（C）→（D）之間便是一環扣著一環的鏈結策略，不單單如此，若從繪本內容本身來看，也是具環扣鏈結策略的運用。例如，《夜呱愛去哪？》【客、英、華語對照繪本】（賴文英，2013）是一本鳥類生態繪本，也是客語學習書籍，內容含括生態環境教育、客家文化、多語文化（客、英、華）、語文教材、勵志文學、藝術美學（工筆繪畫）、鳥類生態簡約科普知識圖鑑等等，其內容含括多元功能設計面向的環扣與鏈結關係。客語繪本多元功能的環扣鏈結策略設計，如下所示：

```
鳥類生態繪本、客語學習
    ├── 生態環境教育
    ├── 客家文化
    ├── 多語文化──客、英、華
    ├── 語文教材
    ├── 勵志文學
    └── 藝術美學──國畫工筆
```

　　此本客語繪本為一文學式的故事內容，呈現了擬人化主角「夜呱」不畏艱難、追求理想的毅力過程；同時具有不同類型語言的應用，包括生活口語、古人智慧的諺語、鳥類的客語命名模式，例如，補鑊鳥、伯勞嫲……十八種鳥類，以及文學新詩、勵志故事等。客語繪本內容設計的環扣鏈結策略，如下所示：

ଽ 語言的應用
　　ଽ 生活口語
　　ଽ 古人智慧的諺語
　　ଽ 鳥類的客語命名模式：例如，
　　　補鑊鳥、伯勞嬷……18種鳥類
　　ଽ 文學新詩
　　ଽ 勵志故事

　　客語教學時，亦可善用繪本資源來教學，以客語學習的單元設計——生態環保之師傅話為例，主題則設定在自然生態、環保，鳥類生態繪本便可融入其中，同時亦含括其他有關的生態環保知識，此便是生態、環保、師傅話鏈結鳥類繪本，也鏈結客家建築、鏈結語文學習。亦即環扣中具鏈結，鏈結中具環扣，兩者有時不易區別，本文暫對此不做細節區分。客語繪本的應用——以生態環保之師傅話為教學例的環扣鏈結策略，如下所示：[1]

1　亦參見實務數位教材課程：〈客語文化與藝術：老古人言生態與環保篇〉。網址：https://www.youtube.com/watch?v=3CUNuav2RzI

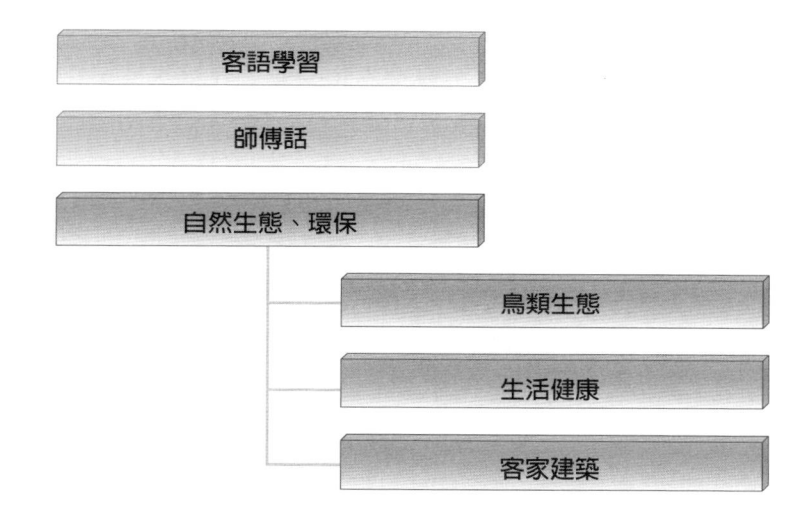

```
┌─────────────────┐
│    客語學習      │
└─────────────────┘

┌─────────────────┐
│    師傅話        │
└─────────────────┘

┌─────────────────┐
│  自然生態、環保   │
└─────────────────┘
      │
      │    ┌─────────────────┐
      ├────│    鳥類生態      │
      │    └─────────────────┘
      │
      │    ┌─────────────────┐
      ├────│    生活健康      │
      │    └─────────────────┘
      │
      │    ┌─────────────────┐
      └────│    客家建築      │
           └─────────────────┘
```

　　也就是說，一本繪本的內容設計，除呈現多元統整，多元功能設計，但仍無法兼顧全面，因而可鏈結其他功能，包含在教學其他主題時，不同子主題間可相互鏈結，但整體面還是屬於同一主題式教學。再以《初級客語講義》環扣鏈結策略為例，它是一本客語學習教材，但內容含括有生活文化、客家文學、音樂歌謠、自我自信、觀光商業、客語語法基本概念等等。其中師傅話、生態環保、建築文化又可與前

---

https://www.youtube.com/watch?v=oedo_t7PatA
https://www.youtube.com/watch?v=VLTkh02Ai_A
https://www.youtube.com/watch?v=apJFUiS07xQ
https://www.youtube.com/watch?v=2XgdkNRKhPE
https://www.youtube.com/watch?v=hktYFQfcdyU

述之實務數位教材課程之客語繪本相互環扣教學,如此可發揮教材、繪本、教學多元一體極大化功能。客語教材設計的環扣鏈結策略——以《初級客語講義》為例,如下所示:

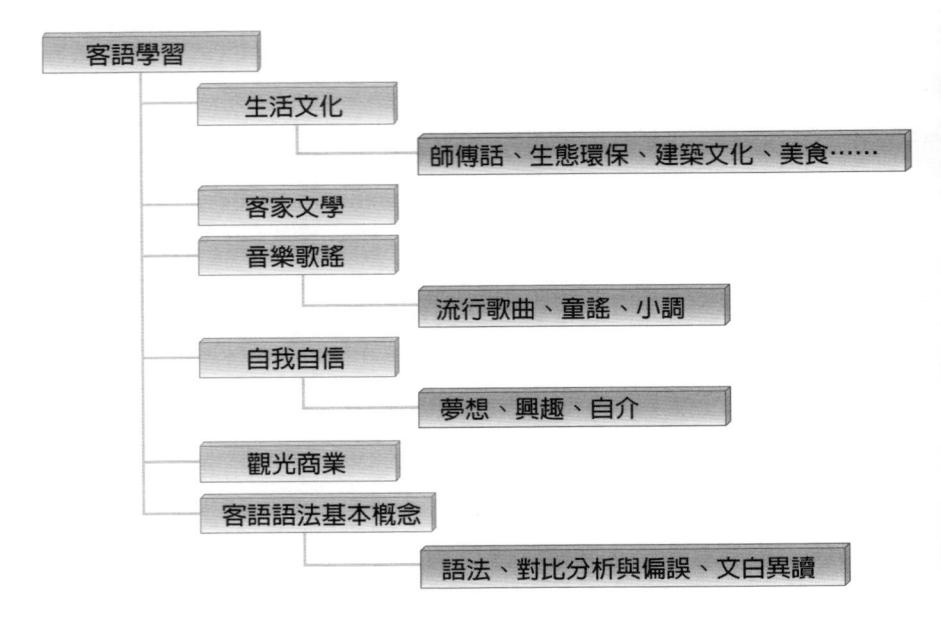

```
客語學習
├── 生活文化
│       └── 師傅話、生態環保、建築文化、美食……
├── 客家文學
├── 音樂歌謠
│       └── 流行歌曲、童謠、小調
├── 自我自信
│       └── 夢想、興趣、自介
├── 觀光商業
└── 客語語法基本概念
        └── 語法、對比分析與偏誤、文白異讀
```

　　以上介紹的環扣鏈結策略,有繪本、也有教材設計,甚而在教學設計上,可將此繪本與教材做一鏈結策略教學,不管在繪本創作、客語教材設計,以及在客語教學方面,實可為環環相扣的設計,發揮了一本多元、多本一主題概念,甚而一加一大於二的功能。

　　客語繪本的應用層面,以三本生態繪本系列為例:《夜呱愛去哪?》(賴文英,2013)、《荷塘生趣》(賴文英,

2017)、《荷花个故事》（賴文英，2018）。內容與鳥類生態、荷花生態有關，具生態環境教育，且都可作為客語學習，第一本主題則與客家文化密切相關，可為語文教材，也是多語文化（客、英、華），亦具勵志性的文學繪本。又三本具工筆繪畫之藝術美學性，可供閱者提升對美感的鑑賞力。三本繪本應用於文創、劇場、節目、文學、美感、創作、教學、教案、桌遊等，大致不會有太大的問題。目前三本繪本已應用的層面如下所示：

1. 2014年：八大電視台「「石怡潔的感動時刻」好客傳──賴文英」：《夜呱愛去哪？》
2. 2014年：獲選新北市立圖書館「暑假讀好書、作家學者推薦50本好書」《夜呱愛去哪？》
3. 2014年：獲選新北市立圖書館「青少年暑期好書推薦『書香補給，知性一夏』」：《夜呱愛去哪？》【客、英、華語對照繪本】
4. 2018年：《荷塘生趣》應用於廣播教學──講客電臺
5. 2020年：《荷塘生趣》「客來書樂kokomen」（第一集）

客語繪本共讀──以家庭為中心點的鏈結

繪本內容創作本身具多元豐富性，應用的領域與層面也越來越廣，因此在環扣鏈結策略的客語繪本共讀操作上，顯

然較《初級客語講義》更為不易。筆者以《荷塘生趣》（賴文英，2017）為例，說明其如何結合客家文化、生態環境與客語教學的教材設計，以及如何應用於文創、劇場、節目、文學、美感、創作、教學、教案、桌遊等，進行客語繪本共讀推廣到各層面的環扣連結。

　　《荷塘生趣》應用於講客電臺廣播教學，對於繪本的彈性教學方法，採取隨機應用，面對著無觀眾可觀繪本之圖文時，作者不純唸課文，而是以更口語化的方式說故事，並在段落內，加強客語詞彙文化的解說；又如《荷塘生趣》「客來書樂kokomen」（第一集）中，因為前半段是以小組讀書會的方式來進行，因而令作者思索繪本共讀方法的應用。繪本讀書會討論圖與文的場景，客語繪本共讀場景——以《荷塘生趣》為例，如下所示：

客來書樂Ko Ko Men第一集：荷塘生趣 https://reurl.cc/VYnp95

筆者亦於2021年「國家語言發展會議」分別擔任了分場論壇與推廣活動主講人之一，在內容設計上亦是採用了環扣鏈結策略，即：政策→推廣，如下二子題之關聯性：

教學資源的多元化設計——客語繪本的創作與學習環境（分場論壇）

家庭共讀與遊戲客語繪本——以花鳥生態系列繪本為例（推廣活動）

基本上，上述兩場的環扣鏈結策略是從教學資源的設計到學習環境的建立，以期改善客語的推廣問題。本文之產出，則是系統性強化此二子題，亦即以家庭為客語繪本推廣之中心點，透過政府機關政策，以結合學校、社會、社區等，共同來推廣，期在短期間能發揮最大之效益。客語政策制定的環扣鏈結策略，概念如下：

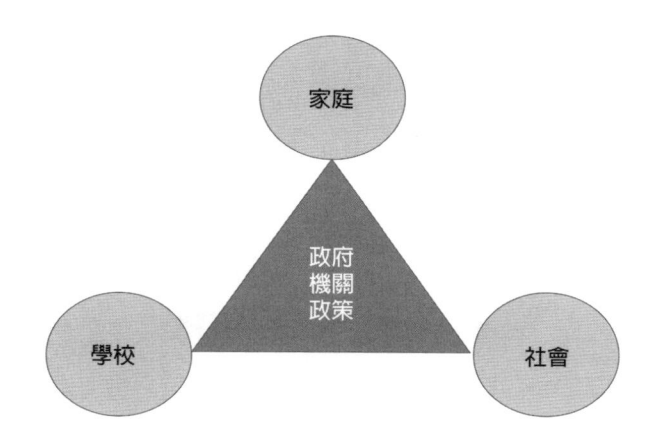

家庭是語言最後的堡壘，故而家庭應在最重要的位置，但如何使每一家庭或多數家庭共同來參與客語推廣，實是一大問題，能自動走出來參與客語推廣的家庭為數甚少，因而本文思索的因應策略是要讓多數家庭共同來參與客語推廣，「家庭共讀客語繪本」則是深根母語的第一步。

　　以往總是以親子共讀為主要，但現在要家庭的成員都一起共同參與；目前學校推行的是沉浸式客語教學，但現在要家庭沉浸式客語繪本共讀，而且要把此種共讀方式推行應用於學校小組共讀。接下來，我們另有客語推廣與沉浸式教學之策略建議，進而再提出相應之環扣鏈結策略，含如何執行，才能使多數家庭能夠共同來參與客語推廣。

　　先將客語繪本創作的融入與應用範疇，整理如下圖：

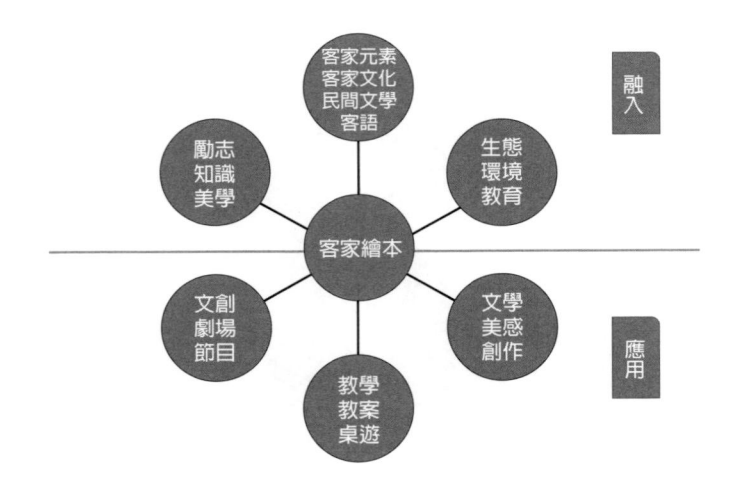

客家繪本
- 客家元素／客家文化／民間文學／客語（融入）
- 生態環境教育
- 勵志知識美學
- 文創劇場節目
- 文學美感創作
- 教學教案桌遊
（應用）

為使多數家庭能參與客語繪本共讀，本文提出大專院校師資培育生，抑或大專院校相關系所校外實習，以及大專院校相關畢業專題製作等，可藉由大專生深入到村里為單位，藉助村里長的力量共同推動家庭共讀，加之以優渥的獎勵措施，或是對共讀的家庭來說可具有益處的獎勵措施。例如，是學生就可具社團學分的認證、嘉獎……等，抑或有助於升學的獎勵措施。本文所提的獎勵措施是一個概念，至於細節該如何做則可視各縣市單位彈性來制定。以往，有些科系的大專生須畢業專題製作，師培生亦要到中小學實習，若此類家庭共讀結合村里長的推廣實習可予以制度上的認證、認可，那麼，客語的推行效率應指日可待。以村里為單位的環扣鏈結策略推廣，結合大專院校相關科系加上師培生實習的環扣鏈結策略，客語實習政策制定與推廣的環扣鏈結策略，如下所示：

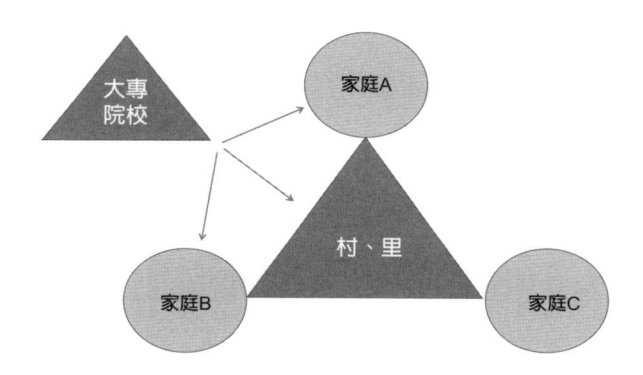

有策略、有制度、有獎勵措施後,接下來下一節要探討的便是如何深化、活化共讀的內容,以及整合出具體的建議方案。

客語推廣與沉浸式教學

　　沉浸式教學,主要是在教學環境中,全程以客語教學,但為緩和學習者的能力,暫容許至多50%華語或至少要有50%的客語的客華雙語教學。有鑑於沉浸式教學可能遇到的各種現場教學問題與難度,因而圖文並茂的客語繪本是推廣客語共讀很好的媒介,在接近於全客語教學繪本時,學生易透過故事內容與圖片的搭配而瞭解客語,老師視情況再搭配生動的肢體動作,抑或搭配其他的教學法,或能令學習者更加瞭解內容。除了教學客語繪本內容之外,如何以沉浸式客語來延伸客語繪本的活動與遊戲,此則是可以延伸的議題,因為遊戲客語繪本可以增進共讀趣味的多元性,在潛移默化當中,同時也培養了美感教育。基本上,遊戲客語繪本內涵可有:

1. 繪畫遊戲:使學習者個人或共同創作與繪本有關的主題繪畫,同時情境客語分享。
2. 文學靈感創作:使學習者個人或共同創作與繪本有關的主題客語文學創作,含詩或小品文等,同時情境客語朗讀或分享。

3. 戲劇遊戲：使學習者以戲劇方式演出繪本內容，亦可彈性修改變化內容。
4. 講故事遊戲：使學習者以講故事方式接力對話，抑或用講心得方式講出繪本內容，亦可彈性修改變化內容。
5. 角色扮演遊戲：使學習者各自選一繪本中的角色來扮演，自由發揮創意。
6. 問題搶答：由學習者各自設計問題，抑或設計詞卡遊戲搶答，搶答方式細節可彈性設計。除學習詞彙書寫、說詞外，也可從中利用二到三個詞彙來造句。
7. 資訊科技結合遊戲教學：現有資訊可利用的軟體繁多，供來設計線上文字遊戲，另有線上閃詞、九宮格、賓果、轉輪盤等等。教師基本上可在網路查找到許多相關的遊戲資源可供參考利用。
8. 戶外生態教學：戶外教學視繪本內容主題而定，若以本文所舉之鳥類、花卉兩本，可直接於校園中認識賞析生物的有關生態；海洋生態繪本，則可去海生館，亦可於教室中以繪畫方式營造海生館，沉浸式教學。甚而可讓學生針對某一生物，以現在年輕人時興的YouTuber來製作一影音檔的客語介紹，抑或Podcast音檔方式的客語介紹也可以，活潑客語教學、生活化客語教學，也會讓學生感受到小小的成就感。

但以上不管進行何種遊戲，都應強化客語使用的生活場

景於其中，這樣才能達到客語沉浸式推廣的深化與活化意義。為了強化沉浸式客語，親子、家庭共讀客語繪本可予以延伸或應用於學校共讀，有關家庭或學校共讀、遊戲客語繪本具體性的建議方案，如下所示：

1. 家庭共讀應用於學校小組或設立共讀社團
2. 學期家庭作業──客語繪本共讀
3. 學校課輔時間／母語日時間──客語繪本共讀
4. 每月共讀（家庭、社區、學校）
5. 講故事比賽（社區、學校）
6. 戲劇演出（社區、學校）
7. 寒暑假作業（學校家庭作業）／讀書會（辦活動）──客語繪本共讀
8. 家庭／親子／學校共讀與遊戲客語繪本影片競賽
9. 節目：例如讀書會方面的節目，以國中、高中同學讀書會共讀，透過節目的傳播效應，形成讀書的氛圍
10. 以大專院校相關科系學生組成團隊下鄉推廣（或結合以下兩點）
11. 以村里為單位的環扣鏈結推廣（獎勵制度）
12. 師培生／畢業生實習（實習認證）不受限於中小學教學實習→走入家庭、走入社區及推廣

以上，細節的部分可由教育機關彈性制定。原則上，大方向掌握好，較有利於採彈性方案來推動。甚而在社區、學校中，若能定期發表成果，或可成為學校社團特色，抑或是

社區在地特色。

小結

　　紐西蘭毛利人之毛利語原本岌岌可危,然而透過政府、民間、學校、家庭等,全員動員起來而形成語言巢的力量,復振了國家極其重要的文化資產語言。本文提出的客語繪本共讀的環扣鏈結策略,從大專生到村里,進而到家庭,再應用到學校的共讀,一環扣著一環鏈結式教學,不僅活化了家庭、村里、學校,政府單位與大專院校也需參與相關的決策,有些策略或涉及到政府與相關機構的政策制定。例如,擴大師培生實習的場域、鼓勵畢業生專題製作的方向、鼓勵研究生畢業論文行動研究的場域,以及學校、學界、各鄉鎮村里長、家庭,還有各界人士的努力,與紐西蘭毛利人之語言巢,具有同工異曲之能量。另外,透過沉浸式客語繪本共讀,讓沉浸式客語回歸於家庭、回歸於生活當中,自然的使用。

　　在目前,客語教學資源、繪本多元化仍不足,因而在教育領域、社會領域,應鼓勵多元創作,也多培養有關人才,尤其是跨領域統整人才;又專職師資的培育與聘任,在目前也仍不足夠,語言學習環境的營造更嚴重缺失,尤其家庭是語言最後的堡壘。鑒於繪本的圖文並茂最適合推廣共讀,也希望家庭共讀的概念可應用於學校教學,且家庭共讀的概念

可結合村里、大專院校共同來推廣。最後也希望繪本不單是讀、講客話,它還可令學習者跨領域結合來思索問題,也可從小培養文學與美感之鑑賞能力,藉由繪本內容的激勵而能夠勇敢冒險追夢去,同時發揮想像力。

海洋生態美學融入客語繪本情境對話式教學策略研究[*]

　　鑑於以往客語教學較不強化情境對話式教學，以及近年來客語學習逐漸著重於生活對話的理解與表達，故本文從海洋生態美學融入客語繪本情境對話式教學，提倡繪本教學之情境對話練習。基本上在語言教學時，較容易導向教學模式的創新，不僅可從小培植美感教育，亦可從海洋生態美學觀點加強對海洋生態之重視，從圖文並茂的繪本教學來吸引學習者的興趣。本文所舉海洋生態美學對話式繪本，即包羅前述的教學方法與特色，並啟發學習者在自然而然情境之下的對話能力，認識海洋客家文化，來達成沉浸式客語教學的事半功倍之效。

關鍵詞：情境對話式教學、海洋生態美學融入式教學、客語繪本、文本分析法、導向式教學法、教學策略

---

[*] 本文初稿發表於 2023 年〈生態美學融入客語繪本情境對話式教學研究〉，第八屆臺灣客家語文學術研討會。桃園市中壢區：中央大學客家學院。11月11日。

概說

　　自1988年「還我母語」運動，至1994年本土語言進入國小課程，以及2001年「行政院客家委員會」成立，2010年《客家基本法》公布實施，2012年「行政院客家委員會」改制為「客家委員會」，一直到2019年《國家語言發展法》的公布施行，在客語的傳承推廣方面，陸續推行客語認證、薪傳師傳習、客語生活學校、客語沉浸式教學、客語通行語、客語結合十二年國教校訂課程、編撰客語數位教材等等。然而，依客委會近年來的調查結果，客語的使用能力卻是臺灣語言當中，下滑速度最遽的一個族群，著實令人憂心。如何從各方面可能的角度，推行客語、教學客語，則是刻不容緩急需機關單位與大眾制定優質的教材教法並共同來推行、實踐。

　　有感於臺灣客語傳承斷層嚴重，筆者提倡從圖文並茂的繪本教學以增進學習者的客語成效。本文的另一個主軸在於對話式教學，有鑑於以往各學科教學較不強化美感教育的融入，而客語教學也較不強化情境對話式教學，加上近年來的客語認證、語言藝文比賽、全國語文競賽，爾後在111年實施的《十二年國民基本教育課程綱要》的教材編纂當中，漸著重於生活對話的理解與表達，因而有本文〈海洋生態美學融入客語繪本情境對話式教學策略研究〉。

海洋議題融入教學之生態美學繪本

　　以下分別從海洋議題融入客語教學、生態美學融入繪本教學之重要性來分析。

　　聯合國於2015年宣布了「2030永續發展目標」（Sustainable Development Goals, SDGs），總計有十七項核心目標，希望在2030年前，全球共同努力往永續目標邁進。其中第十四項：海洋生態，主要在於保護與永續利用海洋，以及永續利用海洋資源。而一本海洋生態繪本《大海裡肚有麼个？》（賴文英，2023），內容則符合聯合國永續發展目標的海洋生態，具有保護與永續利用海洋及海洋資源的概念。

　　自111學年度起，本土語列入中小學的必修課，部編版的教材也配合課綱而產生，各縣市政府有關單位也陸續有補充教材出版，相信未來會有越來越多元的補充教材產出。《十二年國民基本教育課程綱要》當中，其教材編纂基本上具十九項議題的融入，而此本海洋生態繪本《大海裡肚有麼个？》，內容除了融入主要的海洋教育議題之外，同時還融入了環境教育、家庭教育、生命教育、戶外教育、多元文化教育、原住民族教育、國際教育、科技教育，以及閱讀素養教育等等，內容共計含括十項議題。

　　從客語教材來論，《大海裡肚有麼个？》內文透過簡短的一問一答對話，讓學習者易於沉浸在語境與圖畫的情境當中，可以自然對話。而且內文的用詞、語句與前後文連結性

強,在一問一答之中,設計讓學習者能自然重複練習語詞與句型,有重複性的句型,也有設計不一樣的句型,多元又簡單,甚至可另外拉出句型來做加強的練習。此外,內文也融入客家文化的特色,包含師傅話、童謠、海客文化、海洋生物客家思維的命名特色等等。繪本具圖與文,圖的部分是以工筆畫繪製,有藝術性;內文文字富有知識性、客家性、文化性、在地性、國際性;文末另有十二個思考性的問題,從簡單到深入,可以讓學習者思考,亦可做進階客語的練習。

另外,鑑於美感賞析能力應自小就培養,學校各學科領域的教學也應融入美感教育,此也符合各科統整的學習策略。至於「美」在哪?我們本應不自覺的在生活當中建構與啟發審美的觀念,進而在生活中實踐美,然而,透過「教育」的方式,將是審美與實踐美最佳的媒介。學校課程中可以有美學概論方面的課程,但美學其實可以融入或體現在不同的學科當中,以符合從生活中建構與啟發審美觀念的意義,而非只在特定的學科當中才可以對美產生思維的能力。(參見賴文英,2014c)

因而自1988年的「還我母語」運動起,本土語教學逐年逐階段審視評估,一階段一階段修訂政策、教學策略,就是為了改善本土語斷層的嚴重性,改善的階段當中,若能再強化生態美學融入客語沉浸式、對話式教學,或能提升客語教學的層級與生活美學化的應用。畢竟,「美」存在於我們的生活當中,這也是本文倡議生態美學抑或海洋生態美學的重要

性。

前述種種,都說明本文採用之文本,即海洋生態繪本的設計,確實在客語情境對話教學之外,具有海洋議題的融入,也是一本生態美學的繪本。

對話式繪本教學

以下從文本的對話設計、問題與討論的延伸對話來分析對話式繪本教學。

因應客語瀕危的情形,挽救客語實刻不容緩,一些認證、競賽的場合,均逐漸轉型為對話式情境語言表達,以更符合生活中語言的自然使用。《大海裡肚有麼个?》的內文因是透過簡短的一問一答對話,配合圖畫的理解,容易讓學習者沉浸在語境、情境當中,易於啟發學習者的自然對話。全文均為一問一答,但繪本的後半部對話角色互換以呈現內容的變化、活化,以及語言的傳承與應用。一開始透過女兒問、父親回答問題的對話,是親情的對話,也是知識性的探索與傳授。如:

妹仔:大海裡肚有麼个?
阿爸:有海馬!
妹仔:海馬生到仰般形?
阿爸:佢細細隻仔,有無共樣个色目。

妹仔：這就係啊！生到還得人惜哦！
【注】
妹仔：女兒；
裡肚有麼个：裡頭有什麼；
生到仰般形：長得如何；
佢細細隻仔：他小小隻的；
無共樣个色目：不一樣的顏色；
還得人惜：很令人疼愛。

到後來則角色互換，透過父親問、女兒回答問題來對話，讓繪本內容更具變化，也表現出前半部對話帶來的問題式類推學習。如以下兩版的對話：

阿爸：該換𠊎來問你囉？
妹仔：嗯……你來問看啊，𠊎來試回答看啊。
阿爸：大海裡肚有麼个？
妹仔：大海裡肚有珊瑚。
阿爸：你知珊瑚礁摎藻礁有麼个無共樣無？
妹仔：𠊎毋知咃！
阿爸：珊瑚礁係動物造礁，藻礁係植物造礁。
妹仔：𠊎淨知珊瑚裡背肚有當多个魚仔囥在該。
【注】
Ｖ看啊：嘗試著Ｖ看看；

試……看啊：試試看；
無共樣：不一樣；
淨知：僅僅知道；
囥在該：藏在那兒。

阿爸：大海裡肚有麼个？
妹仔：有海蜆仔應當就有海螺仔。
阿爸：嗯。還有無？
妹仔：吾魚缸裡肚畜个熱帶魚，有無？
阿爸：有哦！若魚仔有好好照顧無？
妹仔：有。佢兜色彩當打眼呢！
【注】
吾魚缸裡肚：我的魚缸裡面；
畜：養；
若魚仔：你的魚；
當打眼：很搶眼。

　　繪本基本上以「大海裡肚有麼个？」此句為重複式問題，但在眾多重複式問題中，同中存異，具小小變化，增添類同問題的類推使用，此也是學習者具有語法認知能力的衍生，同時也增添相同問題卻具有變化問法的活潑性。如：

大海裡肚有麼个？

⋯⋯⋯⋯
大海裡肚還有麼个啊？
⋯⋯⋯⋯
大海裡肚有鳥仔無？
⋯⋯⋯⋯
大海裡肚還有其他个鳥仔無？
⋯⋯⋯⋯
大海裡肚有靚靚个美人魚無？
⋯⋯⋯⋯

　　背誦或反覆練習的活動並不會不好，端看師者、學者如何運用，教者或學者若只被動傳達或接收制式的教學法而不知變通，也就遑論從文學角度、美學角度對語言加以修飾、再造與創新。此外，繪本內文語詞的前後文連結性強，在一問一答之中，設計讓學習者可以很自然的重複練習語詞與句型，用句具有重複性的句型，也有設計不一樣的句型，多元又簡單，也具變化性，甚至可另外拉出句型來做不同的句型練習。例如以下四個版面的連結關係，第一版面與第二版面除問題具連結與小變化之外，另以「鑊蓋魚」連結前後文之關係，又第二版面與第三版面又以「果凍魚」做前後文的連結，第三版面與第四版面則以「有毒个」做連結，如下所示：

　　妹仔：大海裡肚有麼个？

阿爸：有钁蓋魚唷！
妹仔：钁蓋魚生到仰般形？
阿爸：佢尾長長，圓身闊闊。
妹仔：就像偲屋下个钁蓋？
阿爸：有兜比屋下个钁蓋過較大。
妹仔：佢泅起來實在還悠閒哦！

【注】

钁蓋魚：魟魚；

圓身闊闊：身體寬寬的；

過較：比較語詞，更加；

泅：游。

妹仔：大海裡肚還有麼个？
阿爸：有大海龜！
妹仔：有幾大？有钁蓋魚恁大無？
阿爸：有兜比钁蓋魚還較大唷！
妹仔：大海龜愛食麼个？
阿爸：佢兜愛食細魚仔、海菜，還過果凍魚。
妹仔：這敢係果凍魚？
阿爸：人類亂擲垃圾，佢兜食著無法度消化个東西，像這塑膠絡仔、嘴揞仔。
妹仔：該愛仰結煞？
阿爸：平常時就愛好好保護偲个海洋、偲个地球。

妹仔：好，偃知。
【注】
愛：要、愛；
海菜還過果凍魚：海藻以及水母；
無法度：沒辦法；
塑膠絡仔、嘴揞仔：塑膠袋、口罩；
仰結煞：怎麼辦；
偃知：我知道。

妹仔：大海裡肚還有麼个？
阿爸：這就係果凍魚！
妹仔：哇！水母就係果凍魚啊！看起來還靚。
阿爸：大部分个果凍魚有毒，有當多生物當驚佢。
妹仔：原來係恁樣啊！
【注】
還靚：好漂亮；
當驚佢：很怕牠；
係恁樣：是這個樣子。

妹仔：大海裡肚還有麼个有毒个無？
阿爸：有當多。像河豚也係。
…………

一個問題又帶出另一個相似的問題，讓故事內容具戲劇故事的連結性，也活潑了內容，含詞彙、句型的重複性與變化性。例如上文提及的第一版中，父親與女兒均提到「鑊蓋魚」，且接下來又都提到「鑊蓋」。如下所示：

阿爸：有鑊蓋魚唷！
妹仔：鑊蓋魚生到仰般形？
…………
妹仔：就像偃屋下个鑊蓋？
阿爸：有兜比屋下个鑊蓋過較大

至於另外拉出句型來做不同的句型練習，例如前述文本第一版提及了客語常用句式「V到CP」，如「生到仰般形」；以及句式「NP1+AA1，NP2+AA2」，如「佢尾長長，圓身闊闊」；另外客語常用比較句式「比X過較A」，如「比屋下个鑊蓋過較大」；以及句式「V起來AP」，如「泅起來實在還悠閒」。每一版均有不同的句式，也有重複的句式出現，很能夠發揮句式的練習。

最後在文末設計一些對繪本內容的問題討論，由淺入深、由擷取文本訊息到文本理解，進而對文本發展解釋、省思文本內容，可以與學習者呈現另一種更開放式的對話模式。以下從問題出現的先後來分析問題。

問題一開始便利用具變化的重複性問題，使學習者複習

其所學,主要為擷取文本訊息,如前兩個類同問題:

> 「大海裡肚有麼个?請在文章裡肚舉出一種,還過對佢做一簡單个說明。」
> 「大海裡肚還有麼个?請在文章裡肚舉出另外一種,再過對佢做一簡單个說明。」

透過以下的問題也可讓學習者複習其所學,抑或選取深入的表達,學習者可擷取文本訊息,也可根據對文本的理解,抑或是對文本做出延伸性的發展解釋,如問題:

> 「講出你最中意个大海生物係麼个?做麼个會中意佢?」

關於繪本呈現的客家文化意涵,先以有關海洋詞彙的客家思維來取名的問題為先,如問題:

> 「有麼个有關海洋个詞彙係用客家思維來安名个,請舉出一種來說明。」

有關海洋生態環保理念,也是語文教育的主軸,例如連著兩個相關的問題思維:

> 「係講大海屙屙糟糟,會有麼个後果?」

「係講大海受著仰般个污染,生物會變到仰般形?請舉出一種生物做說明。」

之後再對海洋生態問題做一解決的方案思維,如問題:

「你試著做得仰般形來做好海洋環境个維護?」

甚至從氣候環境的變化,來對問題思考,如問題:

「氣候環境个變化,會對大海抑係在大海生活个生物有麼个影響?做得舉出一種生物或者一種現象來說明。」

至於繪本呈現的另一類客家文化意涵——海洋客家文化,透過問題,予學習者再複習,抑或深入瞭解,例如連續的兩個問題:

「文中有提著『海客』,還記得該係講著麼个个無?做得倒轉去尋一下仔正來講看啊。」
「你知麼个安到『海洋客家文化』無?就你所知个試講看啊。也做得善用電腦科技來了解。」

最後以學習者生活的實際經驗,來陳述海邊的印象,以及宣揚淨灘環境保護的概念,例如連續的最後兩個問題:

「你識去海脣寮無？你印象中个海脣係淨俐个抑係屙糟个？形容一下。」

「你識去淨灘無？講一下感想，抑係講一下淨灘有麼个好？」

相信透過問題與討論的延伸對話，可以引發學習者做不同層面的思考，進而清楚回答與討論，學習者甚至可依據自己的能力，選擇簡短到深入的回應，而培養思考能力也是教育當中，很重要的一環。

小結

本文以一本圖片精美的海洋生態繪本，藉此來分析情境對話式客語教學的實務與理念。[1]

主要透過繪本教材設計的文本分析當中，文本巧妙的融入美感教育、客家文化、海客文化、海洋生態，進而導引教學法的創新，包含情境對話、問題與討論的延伸對話。不論對話或問題討論均由淺入深、由擷取文本訊息到文本理解，抑或是對文本的發展解釋、省思文本內容，可以與學習者呈

---

1 本文非以行動研究方式來做教學的成效分析，而是以文本導向教學法的理念構想來做分析，以供一線教學者參考，未來或可再以行動研究法來進行教學演練與分析。

現另一種更開放式的對話模式。希望藉由本文教材設計的文本分析,以及對話式客語教學的實務與理念分析,搭配詞彙語法的反覆練習法、肢體動作教學法、情境教學法,以增進客語沉浸式教學的效能,也在潛移默化當中植入學習者的美感鑑賞能力,以及重視與維護海洋生態珍貴的資源。茲將本文之分析模式與成果,整理如下:

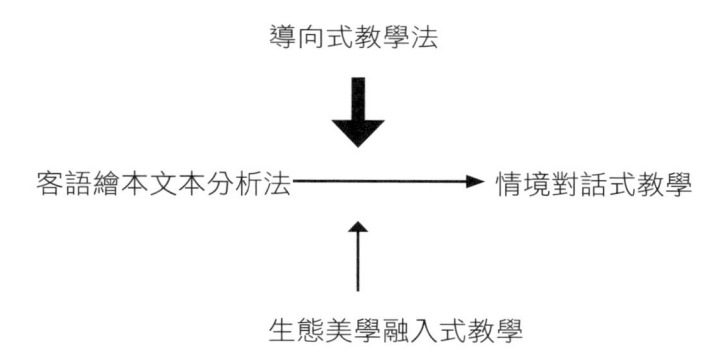

```
            導向式教學法
                 ↓
客語繪本文本分析法 ──────→ 情境對話式教學
                 ↑
          生態美學融入式教學
```

或許我們也可說:從客語繪本中設計出美的資源,從客語學習中找到美的事物,這就是客語教學與審美教育兼容的任務。[2]

此外,本文另附教案示範以呈現情境對話練習的實務性,例如以具有連結關係的前三版為一小節,教案即可設計成重複對話練習,甚至在後來的實務對話中可具變化性。在

---

2 有關客語繪本創作、應用、在地性,以及政策性的論述,可參見賴文英(2021b、2023b)。

一問一答之中,藉由圖片,引導學習者做不同的自然回應,這便是情境對話法的情景,也是延伸至生活化的對話美學模式。相關教案範例見後文之附錄。

附錄：十二年國教素養導向教學方案範例──《大海裡肚有麼个？》

領域/科目	語文/客語文	設計者	賴文英
實施年級	八年級（亦可為一到十二年級，彈性變化教學活動與方法）	教學節次	共15節，本次教學為第4-5節（內容程序可綜合變通）
單元名稱	大海裡肚有麼个？		
設計依據			

學習重點	學習表現	1-Ⅳ-2 能領會客語文的語言智慧。 2-Ⅳ-2 能體會言說客語的理念。 3-Ⅳ-2 能因客語文作品而拓展視野。 4-Ⅳ-1 能理解客語文書寫的表現方式。	核心素養	客-J-B3 具備客家文化藝術欣賞及展演的能力，進而了解客家文化中的美感認知表現，增進美學素養與生活的豐富性。
	學習內容	Ab-Ⅳ-2 客語進階語詞。 Ac-Ⅳ-2 客語進階日常用句。 Cd-Ⅳ-2 臺灣生態發展與活化。		
議題融入	實質內涵	海洋教育 海J8 閱讀、分享及創作以海洋為背景的文學作品。 環境教育 環J4 了解永續發展的意義（環境、社會與經濟的均衡發展）與原則。		
	所融入之學習重點	3-Ⅳ-2 能因客語文作品而拓展視野。 Ab-Ⅳ-2 客語進階語詞。 Ac-Ⅳ-2 客語進階日常用句。 Cd-Ⅳ-2 臺灣生態發展與活化。		

與其他領域/科目的連結	綜合活動領域/海洋教育
教材來源	賴文英圖文（2023），《大海裡肚有麼个？》。龍岡數位。
教學設備/資源	
學習目標	
1. 能了解海洋客家文化永續發展與SDGs的價值。 2. 藉由海客文章以喚起對海客文化的情意涵養。 3. 能以客語說明海洋文化，以及海客文化的特色。 4. 能以客語對話並說寫出常見的海洋生物。	

教學活動設計		
教學活動內容及實施方式	時間	備註
重要教學策略 （1）情境化教學：將教室營造成一個小型海洋生態環境，讓每位學生透過情境對話練習、活動參與，進而珍愛海洋文化。 （2）沉浸式教學：使用目標語上課，引導學生自然對話客語。 教學活動設計 學習目標：能以客語對話並說出常見的海洋生物。 一、準備活動 （一）教學情境準備 　　1. 備好電腦投影設備。 　　2. 備好繪本教材。 　　3. 學生對話活動分組。 （二）引起動機 　　1. 教師詢問：同學知大海裡肚有麼个無？ 　　2. 同學可以用客語或華語回答。 　　3. 教師以同學回答的內容，可接著詢問：（該生物之客語名稱）生到仰般形啊？ 　　4. 繪本內容先以簡短有趣之方式介紹，包括有許多可愛（得人惜）與可怕（得人驚）的生物等等。	5分鐘	

二、發展活動 （一）文本教學 I 1. 教師示範唸文本第一段的字句，學生依句跟讀。 　　妹仔：大海裡肚有麼个？ 　　阿爸：有鑊蓋魚唷！ 　　妹仔：鑊蓋魚生到仰般形？ 　　阿爸：佢尾長長，圓身闊闊。 　　妹仔：就像𠊎屋下个鑊蓋？ 　　阿爸：有兜比屋下个鑊蓋過較大。 　　妹仔：佢泅起來實在還悠閒哦！ 2. 教師解釋文章內容及生難字詞與語法，學生逐句、逐詞跟讀。（第二次跟讀） 　　　　　【注】 　　鑊蓋魚：魟魚； 　　圓身闊闊：身體寬寬的； 　　過較：比較語詞，更加； 　　　泅：游。 3. 教師第三次唸讀文本第一段的字句，學生依句第三次跟讀。 （二）情境扮演 I 1. 學生依文本分派角色，與教師扮演對話。基本上這是教師第四次，但以自然方式從內文提問問題，學生可彈性回應。例如：（亦可角色互換）	15 分鐘	反覆練習教學法 對話教學法＋肢體動作教學法

大海裡肚有麼个啊？ ………… 佢生到仰般形呀？． ………… （若學生回應不來可提示：佢尾仰般？……圓身了？……係毋係闊闊？……等等） ………… 係毋係就像偃屋下个鑊蓋？ ………… 有比偃屋下个鑊蓋過較大無？ ………… 佢泅起來仰般形呀？ ………… 2.請學生依文本角色分組，扮演對話。（此部分可由學生對文本的理解而自由發揮內容對話，並可加入肢體動作表現生物的特色）		聽力與口語評量：教師用客語與學生對話，測試學生客語能力以便做差異化教學，抑或彈性修改教學策略。
（三）文本教學Ⅱ 1.教師示範唸文本第二段的字句，學生依句跟讀。 妹仔：大海裡肚還有麼个？ 阿爸：有大海龜！ 妹仔：有幾大？有鑊蓋魚恁大無？ 阿爸：有兜比鑊蓋魚還較大唷！ 妹仔：大海龜愛食麼个？ 阿爸：佢兜愛食細魚仔、海菜，還過果凍魚。 妹仔：這敢係果凍魚？	15分鐘	反覆練習教學法

阿爸：人類亂擲垃圾，佢兜食著無法度消化个東西，像這塑膠絡仔、嘴揞仔。 　　妹仔：該愛仰結煞？ 阿爸：平常時就愛好好保護𠊎个海洋、𠊎个地球。 　　妹仔：好，𠊎知。 2. 教師解釋文章內容及生難字詞與語法，學生逐句、逐詞跟讀。（第二次跟讀） 【注】 愛：要、愛； 海菜還過果凍魚：海藻以及水母； 無法度：沒辦法； 塑膠絡仔、嘴揞仔：塑膠袋、口罩； 仰結煞：怎麼辦； 𠊎知：我知道。 3. 教師第三次唸讀文本第二段的字句，學生依句第三次跟讀。 （四）情境扮演 II 1. 學生依文本分派角色，與教師扮演對話。基本上這是教師第四次，但以自然方式從內文提問問題，學生可彈性回應。（亦可角色互換） 2. 請學生依文本角色分組，扮演對話。（此部分可由學生對文本的理解而自由發揮內容對話，並可加入肢體動作表現生物的特色）	 對話教學法＋肢體動作教學法

（五）文本教學 III 1. 教師示範唸文本第三段的字句，學生依句跟讀。 　　妹仔：大海裡肚還有麼个？ 　　　阿爸：這就係果凍魚！ 妹仔：哇！水母就係果凍魚啊！看起來 　　　　還靚。 阿爸：大部分个果凍魚有毒，有當多生 　　　　物當驚佢。 　　　妹仔：原來係恁樣啊！ 2. 教師解釋文章內容及生難字詞與語法，學生逐句、逐詞跟讀。（第二次跟讀） 　　　　【注】 　　還靚：好漂亮； 　　當驚佢：很怕牠； 　　係恁樣：是這個樣子。 3. 教師第三次唸讀文本第三段的字句，學生依句第三次跟讀。 （六）情境扮演 III 1. 學生依文本分派角色，與教師扮演對話。基本上這是教師第四次，但以自然方式從內文提問問題，學生可彈性回應。（亦可角色互換）	10 分鐘	反覆練習教學法 對話教學法＋肢體動作教學法

2. 請學生依文本角色分組,扮演對話。(此部分可由學生對文本的理解而自由發揮內容對話,並可加入肢體動作表現生物的特色) ------------------------------------ 第 4 節結束 三、總結活動(若時間不足,可彈性調整以下活動) (一)複習文本第一～三段。 (二)句型練習。(找出文本或注釋中可練習的句型造句) (三)找出文本中今日學習到的生物名,並畫出牠的樣子,用客語寫出牠的名字,對此一生物做一簡短之客語說明。 (四)利用網路查詢學習到的生物其他相關知識與圖片。 (五)同學相互分享作品。亦可請其中幾位同學上臺以客語分享。 (六)問題討論:(可針對繪本提示之十二個問題來應用) ------------------------------------ 第 5 節結束 註:學生創作之圖可在教室中裝飾,累積至所有之課程上完,再利用教室之情境統整教學對話練習。	 5 分鐘 10 分鐘 30 分鐘	聽力與口語評量:教師用客語與學生對話,測試學生客語能力以便做差異化教學,抑或彈性修改教學策略。 綜合教學與聽說 讀寫綜合評量 情境式＋對話式教學法 句型＋書寫練習 媒體融入教學法 問題討論教學法 生態美學融入教學法 書寫與口語評量:實作海洋生態圖,並能用客語書寫與口語介紹,上臺發表。

詞彙語法結合主題性客家文化教學策略研究：從鳥類、花卉、海洋生態繪本談起[*]

　　本文以三本主題性客家文化繪本（《夜呱愛去哪？》、《花繪花語：靚靚个花》、《大海裡肚有麼个？》），分別從鳥類詞彙語法教學結合客家命名的思維、老古人言、鳥類生態，以及從花卉詞彙語法教學結合客家命名的思維、花於客家族群的文化意象，另外也從海洋生物詞彙語法教學結合客家命名的思維、海客文化等，分析詞彙語法結合主題性客家文化教學策略研究。內容含括三文本的詞彙語法分析、客語詞彙語法教學的範疇與內涵，以及語法教學結合詞彙教學的類推效應。

關鍵詞：客語詞彙教學、客語語法教學、語法教學類推效應、教學策略、生態繪本教學

---

[*] 本文初稿發表於2024年〈詞彙語法結合主題性客家文化教學策略研究〉，第十四屆「客家文化傳承與發展」學術研討會。桃園市龍潭區：新生醫護管理專科學校。【10月19日】

概說

　　有感於臺灣客語詞彙教學或語法教學方面，少有文章介紹、討論，抑或分享有關的教學策略，一般較是綜合性的學習成效分析，例如以繪本為例，溫曼伶（2011）、曾美貞（2016）、吳秀貞（2015）、謝螢萱（2017）、邱雯琳（2022），以及許惠雯（2022）等，不過這些研究卻也顯示某種現象，即以客語繪本教學，對提升學童之客語聽說能力，均有一定之成效。

　　另一方面，有關客語詞彙或語法相關的教學影片也極少產量。因而若是能有此方面的教學論文或影片產出，相信對於一線教學者，或有志於客語教學者，甚而對學習者，可能都會產生教學上或是學習上的雙重類推效應，同時對於客語詞彙或語法的概念，也能有一定基礎之認識、了解。對目前客語傳承上的危機來說，若能以收事半功倍之教學策略分享，則是當務之急。

　　本文以鳥類（《夜呱愛去哪？》）、花卉（《花繪花語：靚靚个花》）、海洋（《大海裡肚有麼个？》）三本有關生態方面的主題性客家文化繪本，含括客家命名的思維、老古人言、鳥類生態、花於客家族群的文化意象、海客文化等，分析詞彙語法結合主題性客家文化教學策略研究，以探討客語詞彙與語法教學策略，進而從詞彙語法教學的類推效應，以達成教與學的事半功倍之效。本文教學對象以中等學校為主

要,小學則可簡化內容,大學則可延伸或深化內容。

客語詞彙語法教學

下面分別從客語詞彙語法教學分析,以及客語詞彙語法教學遊戲活動來論。

客語詞彙語法教學範疇,包含詞彙教學與語法教學,然而詞彙與語法教學實無法切割,兩者相應而生,我們無法只教詞彙而不將詞彙應用在句子當中,但教詞彙時,若能以語義場的方式教學,學習詞彙將收事半功倍之效。以「雞仔」詞彙為例,客語有關「雞」相關的語詞非常豐富,即為「雞」的語義場,相關語詞便可一起學習。同時我們也無法只教句法而不懂得利用周遭情境的常用詞來活用句型。又在詞彙語法教學之前,教學者必須的先備知識便是掌握詞彙特色與句法特色,而後才能將其活用在教學當中。因本文為針對教學策略而論,相關詞彙語法的先備知識,實也過於豐富,篇幅有限(參見賴文英,2015a)。[1] 以下便先從客語詞彙語法教學的面向做一分析。

人們不管是習得語言抑或是學習語言,因為語法的類推效應很強大,透過環境大量輸入語言,語法內化而後類推效

---

[1] 有關客語繪本創作、應用、在地性,以及政策性的論述,可參見賴文英(2021b、2023bc)。

應，語言的獲得往往是一加一大於二的成效。然而，詞彙教學與語法教學可結合的面向與創新的模式有許多，包含詞彙教學結合常用詞教學，抑或語法教學結合常用語法教學，生活中的常用詞與常用語法都是必學的，但若是一個詞、一個詞死記，一種語法、一種語法死背，這將是僵化的學習，學習結果可能收事倍功半之憾。因而透過對詞彙與語法的質性了解，掌握哪一類類同的詞彙可進入到句式當中，透過語法的類推學習，學習效益將成倍數增加，這也是詞彙教學結合語法教學、語法教學結合詞彙教學互輔的結果。

　　如何在語言的學習過程當中，創造適當的語境、情境，讓學習者沉浸其中，並能享受當下的情境，歡喜於其中的學習過程，想必語言的學習必不會枯燥乏味，反而會是有趣，並在潛移默化之中珍愛這個語言，無形中語言生活化，語言在生活中便易深植成文化資產，這便是詞彙語法教學結合語境、情境教學，在潛移默化當中容易產生的附加效益，而這也是我們亟需推廣的客家文化意識。

　　另外，語言的學習若能詞彙教學結合主題性客家文化教學，以及語法教學結合主題性客家文化教學，有助於加強該主題知識性的深度了解，例如透過飲食、文學、建築、旅遊，抑或本文所舉的鳥類、花卉、海洋生態等等。不管是由哪一主題入手，相關的句型、常用詞都很容易類推到另一主題的語言學習。只是要盡量避免的是，例如，學習者或教學者也許因為容易沉浸在飲食的製作與吃喝當中，或容易忽略

語言學習所佔的比重、客家文化表徵闡述的基本能力，以及將語言生活化的問題了。

最後是客語詞彙語法教學詞素與語法的辨識遊戲活動，此部分於下文一起分析。

除了透過繪本詞彙語法教學之外，如何以沉浸式客語來遊戲客語繪本則是可以延伸的教學活動，相關的遊戲客語繪本設計，可參考頁138-139。

詞彙語法結合主題性客家文化教學策略

現代人似乎離自然越來越遠了，包含大自然中以前客家人常見的鳥類、花卉，以及國際間重視的海洋生態，客家人卻少有相對應的講法，因而有此文之產生。以下分別從鳥類、花卉、海洋生態繪本，探討主題性客家文化的詞彙語法教學策略。[2]

《夜呱愛去哪？》是一本結合鳥類生態環境、工筆繪畫創作、語文教材、客家文化的客、英、華語對照的故事性繪本。此繪本以客家語具命名特色但其貌不揚的「夜呱」為主角，並串連客家人生活當中常見鳥類，展開牠尋找居住地的一連串旅行，途中的所見所聞、十八種客家鳥類命名的緣由與客家文化特色的呈現，以及主角在追求理想的過程中所遇

---

[2] 有關華語詞彙教學與主題文化教學策略分析，亦可參考方麗娜（2013）。

到的困難及其展現出不畏艱難的毅力,同時也賦予鳥類生態環境教育的意義。

以詞彙教學來說,結合主題性客家文化的十八種鳥類客家意涵,即已是系統性的詞彙教學,再結合語境、情境、圖像教學,亦可認識鳥類的生態,也兼具藝術美學的賞析。同時客語教學時,亦可善用繪本資源來教學鳥類與客語師傅話,以客語學習的鳥類生態結合師傅話教學,此便是生態、環保、師傅話結合鳥類繪本的客語文學習。(參見賴文英,2023c)

以語法教學結合詞彙教學來說,客語語法構式「緊X緊Y」,和華、閩語比較,有其殊性,當X與Y為相同的動詞時,表持續動態貌「一直」之義,當X為動詞,Y為形容詞時,表程度的加強形容,即華語的「越來越A」之義,當X、Y兩者為不同的動詞時,則為連續動作,相當於華語的「邊X邊Y」之義。相關的語句便可從文本中另引出來做一語法教學,如:

「夜呱緊飛緊飛,經過一坵地。」
「陂塘、河壩个魚仔也緊來緊無好打了。」

甚而也可讓學習者以此構式自行造句,讓學習者藉此了解動詞與形容詞的特質。

另外,語法教學結合詞彙教學,也可結合遊戲教學。例

如文本出現的句式「Ａ摎Ｂ講：……」（即華語的「Ａ告訴Ｂ」），如：

「白鶴仔摎佢講：……」

學習者可善用此繪本所學習的內容，自行編劇，包Ａ、Ｂ各是什麼鳥或生物，Ａ想要告訴Ｂ什麼，都可以自行發揮。甚而讓學習者角色扮演，遊戲學習語言也可。

基本上，教學者需先針對繪本文本做一常用詞彙、特殊文化詞，以及句型方面的整理，以了解文本內含的詞彙與語法特質，爾後才能更有效的善加運用繪本與活用教學法。有些時候，拉出某一、兩種句式來做劇情的加強練習，以及延伸練習都可，不僅複習所學、加強印象，也可使語言的使用生活化。後文所舉繪本亦同。

《花繪花語：靚靚个花》是一本圖本，也是一本詩集，更是一本客語、客家文化之創作集，為一種結合多元類型的創新繪本，故而將其內容定位在客語詩文花繪集。其特色總結為：從詩學習客語、學習客家文化；認識花的生態、認識工筆繪畫；學習賞析詩的創作，以及賞析工筆繪畫的藝術之美。

以詞彙教學來說，結合主題性客家文化的三十一種花卉客家意涵，即已是系統性的詞彙教學，再結合語境、情境、圖像教學，亦可認識花的生態，也兼具藝術美學的賞析。

以詞彙教學結合語法教學來說,在〈桐花〉一詩為例之句,先示例法而後讓學習者類推進而仿作,如下:(括弧內的詞為文本所無,但可從前後文推出,因而列出讓學習者容易類推學習。)

風吹啊來
(桐花)(就)一蕊一蕊叭叭跌

從常用詞彙學習為先,可分別學習名詞的「風、桐花」;數量詞的「一蕊」同時善加利用重疊結構「一蕊一蕊」;動詞的「吹、來、跌」同時善加利用重疊修飾動詞語成「叭叭跌」,語法結構為「N+V+啊+V,VP/NP」。若以自然類為例,或可從語法結構類推而造出詩意滿滿的句型,如:

雨落啊下
(山頭)(就)光華華仔歸大片

在詞彙教學結合語法教學方面,上例句型為「N+V1+啊+V2,〔結果〕」。N為名詞;V1為動詞;「啊」為兩件事件的短暫貌,相當於華語的「一⋯⋯就⋯⋯」;V2為另一動作貌。可以就這本繪本所學過的花卉名稱與常用名詞或動詞為主要,做一語法結構的延伸練習與相關詞彙的應用練習。

如要強化相同句型結構,便可在同一文本另舉例語法教

學,然後再延伸練習,以下引〈海芋〉一詩類同句型「N+V+啊+V」:

> 微微个光照啊入來
> 分淨俐淨俐个花
> 自在

　　以常用詞彙學習為先,可分別學習名詞的「光、花」;動詞的「照、入來」;同時善加利用重疊修飾名詞成「微微个光、淨俐淨俐个花」;另外學習客語特殊「分」多義句型之一的華語「讓」字句義:「分淨俐淨俐个花,自在。」「自在」可為形容詞兼動詞。因而句型的延伸為:「N+V+啊+V,分〔結果〕」。

　　此外,若為花卉的主題性文化教學,整體來說,語法教學之句式「XX花 V 到 CP」則可善加來應用。如〈大紅花〉一詩具表達如下的句型:

> 大紅花,
> 生來啾紅到得人惜。

　　這是讓學習者學習賞析、創作的最佳機會,也是綜合聽說讀寫的學習策略。學習者可自由創作,或如:

大紅花，開到啾紅啾紅。
大紅花，開到當鬧。
梅花，開到滿樹頂。
打碗花，開到當得人惜。

　　這些都為統整性的句型練習與複習，包含結合詞素辨識遊戲活動，花卉詞素在遊戲活動中複習，CP的應用則可視花卉特質而活用。而相關的句型練習在其他兩類主題性繪本教學，也都可善用。

　　再者，詞彙語法教學結合語境、情境教學還可做學習的延展活動，看看這個季節校園中開了什麼花，同時將此句型生活化應用，應更能活化詞彙與句型及生活語言。倘若詞彙用得好、句型設計得好，更是詩意美學文學的體現。

　　詞彙教學與語法教學，教學者需先掌握了解詞彙的特質與客語的句型範疇和句型特色，在詞彙教學與語法教學時，當能運用自如。

　　《大海裡肚有麼个？》[3]是一本海洋生態集，是一本繪本，更是一本客語對話、海洋客家文化之圖文創作，為一種結合多元類型另類的創新方式，故而將其內容定位在海洋生態教育繪本創作集，推廣客語、客家文化、海洋生態，也推廣客家藝術美學。繪本特色除了海洋生態以工筆畫繪之；客

3　有關此繪本教學法之探討亦可參考賴文英（2023b）。

語、海洋生態的客家文化介紹；四十二種海洋生態小百科內含其中；工筆繪畫美學、客語、客家文化；一問一答的對話練習，含句型的延伸學習。寫在後面的問題討論也是本繪本的另一特色，可增加閱讀者從不同角度思維問題，培養問題的思考與探索能力。

此繪本的文本是屬一導向式教學繪本，因為循著文本內容與問題討論，可導向教學者的教學設計。以詞彙教學來說，結合主題性客家文化的海洋生態詞彙，即已是系統性的詞彙教學，再結合語境、情境、圖像教學，亦可認識海洋的生態，也兼具藝術美學的賞析。

以詞彙教學來說，結合主題性客家文化的四十二種海洋生物的客家意涵，即已是系統性的詞彙教學，再結合語境、情境、圖像教學，亦可認識海洋的生態，也兼具藝術美學的賞析。

《大海裡肚有麼个？》的內文因是透過簡短的一問一答對話，配合圖畫的理解，容易讓學習者沉浸在語境、情境當中，易於啟發學習者的自然對話。以詞彙教學結合語法教學來說，在文本中，「大海裡肚有麼个？」是一直在各段落文章出現的疑問句，也是導向式教學的關鍵句，當教學了一定量的生物詞彙時，透過問句：

「大海裡肚有麼个？」

以及具變化性的問句,也是類似問句的語法類推教學與學習,如:

「大海裡肚還有麼个啊?」
「大海裡肚有鳥仔無?」
「大海裡肚還有其他个鳥仔無?」
「大海裡肚有靚靚个美人魚無?」
……

這些句型可複習生物名稱。加上,前述詞彙教學結合常用詞教學,以及語法教學結合詞彙教學,教了一定的詞彙量,過後便可結合常出現的疑問句式,如:

「XX生到仰般形?」

以及相對的回應:

「XX生到CP。」

其他的句式如客語常用比較句式「比X過較A」,如「比屋下个鑊蓋過較大」;以及句式「V起來AP」,如「泅起來實在還悠閒」。在繪本中的每一版均有不同的句式,也有重複的句式出現,很能夠發揮句式的練習。

此外，進行詞彙語法練習的接力賽，例如分成：甲、乙、丙、丁等數組來競賽，以構式「P+裡肚有麼个？」及「V到CP」互輔為練習句式。師先攻，與甲組對話如下：（P、XX、CP均為彈性變化詞彙，原則上各表地理空間名稱、有生或無生的名詞、對前述名詞的補充說明語詞。）

　　師：「大海裡肚有麼个？」
　　甲：「大海裡肚有XX_1。」
　　師：「XX_1生到仰般形？」
　　甲：「XX_1生到CP_1。」
　　之後換甲攻，與乙組對話如下：
　　甲：「學校裡肚有麼个？」
　　乙：「學校裡肚有XX_2。」
　　甲：「XX_2生到仰般形？」
　　乙：「XX_2生到CP_2。」
　　以此類推組別乙、丙／丙、丁／丁、甲……競賽接連下去。必要時視XX為有生或無生，無生時，「生到」或彈性改成「看起來」。

　　若能結合有趣的肢體動作教學法，相信能讓對話更加自然與生活化。當然，詞彙與語法教學的遊戲活動，還包括在每一單元階段後，讓學習者自行畫他中意的生物，掛在教室中，讓教室成為情境式的海洋場域，充滿了各種療癒的可愛生物，在學期末結合情境教學與對話式教學，應能擦出超乎想像的沉浸式教學效果。

小結──語法教學的類推效應

　　原則上，語法是一種規律、法則，也是一種結構，學習者只要學會了某種語法結構，包含可進入這種語法結構的成分特質，那麼，他所學會的就不只是一加一等於二的成效了。因為只要了解能進入此語法結構的成分，他就能運用此語法結構來衍生出更多合於語法的短句、句子，這便是語法教學的類推效應，甚而類推至更多的語法結構與詞彙學習。當然，語法教學若能再結合主題性的文化詞彙教學，有關的主題文化詞、語句學習等等，漸漸的，教學與學習就能更加駕輕就熟，同時也會深植客家文化於心中。

　　本文雖以筆者自行創作的三本繪本為例，但用意在於分析並建立適當的詞彙語法結合主題性客家文化教學策略。包含分別從鳥類詞彙教學結合客家命名的思維、老古人言、鳥類生態，以及從花卉詞彙語法教學結合客家命名的思維、花於客家族群的文化意象，另外也從海洋生物詞彙語法教學結合客家命名的思維、海客文化等等的分析。本文之產出，進而希望每位教學者不管選用哪一本教材，都能透過相關的詞彙語法教學，以開創一套最適合學生學習的教材與教學法。教學者需先針對教材做一常用詞彙、特殊文化詞，以及句型方面的整理，了解了教材內含的詞彙與語法特質後，才能更有效的善加運用教材與活用、綜合各式教學法。

　　畢竟，教材與教學法都不是制式或僵硬的，善用或綜合

應用反覆練習教學法、對話教學法、沉浸式教學法、肢體動作教學法、情境對話式教學法、遊戲式情境教學法、媒體融入教學法、問題討論教學法，以及導向式教學法，這些在教學時，都是很好的教學策略。

臺灣流行語構式類推的文化效應[*]

　　「流行」一詞在《教育部重編國語辭典修訂本》中定義的是：散布、傳播，盛行一時；「流行語」則是：某一時間內盛行某地或某階層的語言。臺灣因族群年輕化而逐漸KUSO化、網路化、媒體化，年輕族群有不同的創意表達，這些創意常標榜著「另類」、「反傳統」。當一組創意產生並為年輕族群接受時，隨著網路、媒體新世代的盛行，這樣的「創意」會被生活化、泛化，進而產生新世代的文化效應。問題是具有什麼樣特質的「創意」有能力、且透過什麼樣的手法進入到新世代的文化之中？又它實際上反映的又是什麼樣的深層文化效應？本文以最近前後流行的兩種流行語構式「你今天XX了沒」與「V很大」來探討流行語構式的產生與類推效應，及其所衍生的文化效應。

關鍵詞：構式類推、構式效應、文化效應、流行語

---

[*] 本文初稿發表於2010年〈臺灣流行語構式類推的文化效應〉，《國文天地》。第26卷第5期，頁71-75。

流行語構式的類推

　　「現在流行什麼？」時下年輕族群常「飆」創意，製造出一系列的流行，這種創意往往讓銀髮族群想不透他們在搞什麼或要什麼，要不然就是對他們的想法「霧煞煞」！「流行語」自然而然也成為一種流行的代言詞。

　　當「你大學生了沒？」[1]這種看似違反以往的句型結構在媒體節目中產生時，即受到矚目，其旋風立即席捲年輕一代的族群，或成為一種另類的問候語，但這種問候語卻意涵著「你跟上流行了嗎？」因為「你＋大學生＋了沒？」構式中的「大學生」原為典型的名詞，通常無法當其他詞類用，但在這裡，名詞當動詞來使用。實際上「大學生」在構式中兼有名詞與動詞的含意，因其深層結構為：你成為大學生了沒？在此之前其實已存在相關的句式，如：你午餐了沒？（你用過午餐了沒？）你五年級了沒？（你升上五年級了沒？）但這類型構式到後來之所以形成一股旋風，「媒體」與「流行」的力量還是「功不可沒」。

　　正常之下，我們較常使用：你VP了沒？[2]如：你用過午餐了沒？但之後產生「你（今天）大學生了沒？」因而此類構式造成類推的效應，成為：你（今天）NP了沒？但要能進入到

1　本文語料取自網路搜尋引擎：yahoo與goole。
2　本文以V表動詞，VP表動詞詞組，NP表名詞詞組。

構式之中的 NP，其條件需為當今的流行用語，例如，電玩是時下年輕人愛玩的遊戲，其用語：

（1）魔獸世界之你 80 級了沒？

電玩界 Wii 遊戲一推出即造成流行，其用語：

（2）你今天 Wii 了沒？

臺灣電影《海角七號》造成一股旋風，其相關用語：

（3）你今天《海角七號》了沒？

（4）你《海角七號》了沒？

（5）你《海角》了沒？

（6）《海角》了沒？

基本上，上述構式均可當問候語來使用，但前提是對方需瞭解時下的流行，這些用語便成為約定俗成的流行語，具有強調社會大眾所關心的新興話題。但若對方並非流行之人，或為弱勢族群者，抑或為年長者時，這樣的問話便容易傷了對方，不跟流行走的人對這樣的問話也許無所謂，年長者一般也不會主動和他們聊到這一類話題（這也顯示文化斷層的另一種現象），但社會中的弱勢邊緣族群呢？例如電影《海角七號》，好像你沒有去看過就跟不上流行了，進而造成年輕學子都一昧的搶搭流行，深怕自己跟不上潮流。又有多少人知道自己追逐流行具有什麼樣的意義呢？是純粹支持國片呢？還是因為這部片透露出某種臺灣的文化意涵，因為想瞭解，所以才去看的呢？同儕之間若家庭經濟情況不好者，他又有什麼樣的能力去看呢？

流行語構式也不全反映「盲目」追求流行的現象，有時它也可以拉近人與人之間的距離，用一種熟悉的構式來問候、關心，讓生活多一些不一樣的元素。例如，陽明交通大學有一炸蝦節，原則上全校師生在這段期間內全都很「蝦」，其最火紅的問候語便因構式類推效應而跟上了流行，如：

　　（7）你今天蝦了沒？

　　報稅季到了，大家忙著、趕著報稅，即使「報稅」為正常的 VP，不違反正常的構式使用，它依然能因構式類推效應而成為火紅的流行問候語，如：

　　（8）您報稅了嗎？

　　線上遊戲，對我們的社會造成很大的影響，由此而形成的周邊效應也不同凡響。例如，最近一個電玩廣告用語：殺很大，殺不用錢。廣告中的女主角玩線上遊戲，廣告本身並未對「殺很大」的語意清楚表現出來，因而字面的解讀便是：線上殺人殺很大的數量，而且不用錢。（但基本上廠商目的還是要利用這支廣告來賺取很多錢）女主角因廣告而爆紅，並參與臺灣職棒的代言人，因而「殺很大」便進入到職棒領域，包括失分很多、使對方輸分很慘，或造成某種殺傷力很大，抑或因女主角的出現而對職棒選手產生某種殺傷力的意思。以電玩為出發點的「殺很大」無孔不入的殺進各類宅男的內心世界、各類的年輕族群，甚而各廣告、媒體當中，其類推效應真是無所不在啊！相似的網路遊戲用語還有：

　　（9）洗很大（狂洗錢、洗裝備）→跳脫網路遊戲用語

便成隱喻時勢新聞政治人物洗錢洗很大。
（10）開很大（狂開外掛、開加速器）→跳脫網路遊戲用語便成年輕人開車速度很快，便成開很大。
（11）刷很大（狂刷副本來賺取經驗值、遊戲幣、寶物）→跳脫網路遊戲用語便成現今卡奴刷卡刷很大，或以信用卡花費強大的金額。

因而「V很大，V不用錢」或簡化成「V很大」，此類構式便造成了旋風，進駐到各個領域，包括「殺很大」語意的延伸。如：
（12）吃很大，吃不用錢→某家手機業者推出的廣告用詞。
（13）偷很大→英國一家別墅整棟被小偷偷走。
（14）紗很大→婚紗業者推出「物超所值」的婚紗拍攝。

因「V很大」而產生的一些附帶效應詞，如：
（15）殺很小→若女性身材和廣告中巨乳型女主角成反比的話，抑或是買東西殺價殺不多時，此時均為貶義詞。
（16）殺最大→因應不景氣，旅行業者搶商機，降價促銷。

原先典型的用詞，「很大」為一形容詞，形容名詞，但其結構卻被置換成動詞，抑或其他類詞，不符合正規的語法使用，但因網路、媒體，加上「人心」普遍的接受，因而造成「V很大」的盛行，使得原先的名詞隱而不說，這類名詞以及

物動詞的受詞為主,如:刷卡刷了很多錢;抑或隱含動詞的主語,如:殺很大→先發投手王建民失分很多(抑或意涵失分很多對王建民的殺傷力很大)。

流行語構式類推的文化效應

類推(analogy),經由上節敘述,我們知道它指的是把一些例外的語言形式變得整齊規則的過程,剛開始只一些人使用於固定的形式之中,進而普及至社會大眾及其他形式的使用。我們可以說「類推」也可能產生一種洪流,這種洪流也許會「淹沒」值得保存的事物,但它同時也許會讓一些新的、有意義的事物「新生」,所以類推是兩極的,但通常前者的力量大過於後者的力量,這是我們不可不注意的。

文化效應(culture effect)在本文指的是:因流行語構式類推而引發的文化效應(fashion term constructions analogy induced culture effect),也就是說因流行語構式類推而產生的一系列社會文化現象。「文化」是一種生活經驗的累積,為普遍存在的,而「效應」則是一種因果關係,甚至是一系列的連帶關係的發揮。

流行語構式一旦流行開來,它背後所透露的文化效應及其周邊效應不可不察。以「你今天大學生了沒?」來說,「大學生」反映的是當代社會的趨勢,在現今大學錄取率高達80%、90%以上時,如果你還不是大學生,似乎就落伍了,

但這也同時反映出大學錄取率這麼高，教育的品質要如何把關，學生的品質又如何把關的問題？原則上我們應該因材施教，而不是排除「低分」的學生進大學，但學校也不應為了招生名額而隨意錄取，而不去提升學校的教育品質。臺灣教育是否應該思考一些變通的政策，努力提升教育的素質與學生健全的五育發展環境？當然，有些社會亂象的形成，如果要避免發生，素質的培養應該要自小從家庭、國小、國中、高中、高等教育等，具連貫性的教導實施。小孩錯了嗎？也許小孩沒錯，錯的是整個社會風氣的導向為何會如此。所以歸咎於社會嗎？不，應當每個人都有責任。

再以廣告「殺很大」來說，「很大」本為形容某種人、事或物很大，廣告中即隱喻著女性的「巨乳」，加上主角的動作而衍生出與「性」的聯想。女星之後進而拍寫真而有「露很大」一詞的出現，意指電玩廣告女主角因廣告爆紅，童顏加上身材為巨乳型，因而露得很大。可以思考的是：男性究竟如何看待女性？而女性又如何看待女性本身？女性被物化了嗎？我相信不同人的想法一定會「差很大」。因此支廣告爆紅而引發流行語構式類推，代之而起的社會風潮便有很多女性爭相露乳、露身材，為的又是哪樁呢？做作、矯情、虛偽、煽情的社會現象似乎充斥在我們的生活當中，在這樣的風潮之下，若還想保有自己年齡層真正該有的純樸面貌，那也許真的會「難很大」了！另外，在「Ｖ很大，Ｖ不用錢」當中，顯現的是人們可以不花費金錢、力氣，抑或花費極少的

金錢、力氣,即可謀取最大的利益,這也是廣告商看準消費者的心態而出現相關的廣告用詞。似乎「不勞而獲」的價值觀正瀰漫在我們的社會之中,而這樣的價值觀卻和我們長一輩者「一分耕耘、一分收穫」的觀點呈現兩極的對照。

　　流行語構式用得好,它可以是令人會心一笑的流行問候語,拉近人與人之間的關係,或為一種修辭手法,或為一種反諷,例如,臺灣高鐵的營運近年虧損連連,但新聞標題卻是如此的諷刺:高鐵虧很大,董監薪酬領很多。抑或為一種誇大強調稱許的用詞,如西瓜產地推出「沙很大」的活動,意指西瓜具有沙沙的口感,吃起來很甜、很好吃。

　　如果我們只是一窩蜂盲目的追逐流行,多數人會漸失其原有純樸之心,我們的社會觀與教育理念都不該只是這麼膚淺,我們的社會文化現象與教育體制應該有許多值得年輕學子、家庭、政府單位、教育單位等,以及各個社會階層人物多加思維的問題,透過每個人善的思維,應可逐漸凝聚成一股善的風氣才是。

小結

　　本文探討當代的流行語現象,從另類、反傳統並借助網路、媒體而造成流行語及流行語構式類推的現象,由此而衍生各種表層或深層的文化效應,有其正面的思維,也有其負面的思維,而負面效應常常是無孔不入的侵佔或類推到各個

社會階層，對此現象，大家或可樂觀以待，但同時也應持有戒慎恐懼之心。

火星文或者KUSO[3]語言，有時候反映的是年輕一代的想法，瞭解它進而和它做朋友也未嘗不是一件好事。當然，一種流行語構式的產生，背後有它的社會文化意涵，這是我們必須去瞭解的，不能一概否定，畢竟構式的流行有它正面與負面的文化效應。既然網路、媒體的效應如此之大，何不借助這股力量，形成正面觀點的凝聚力，導正偏差行為的價值觀。當然，這也許只是一種理想，但卻需要很多人具有共同的信念才有可能達成，否則，因流行語構式類推而引發的文化效應，對人心的價值觀念是否會「殺很大」（殺傷力很大），實值得留意。

---

3 「KUSO」約為2004年興起的風潮，網友利用文字和影片大玩KUSO，其詞源起於日文，在日文原本是「可惡」的意思，通常也拿來當成罵人的口頭禪，後來慢慢演變成為「惡搞」的代名詞，此類「惡搞」通常是表面正經八百，實則帶著無厘頭、惡作劇的意味。

客家山歌中的同音雙關[*]

　　雙關是山歌創作中一種常見且重要的修辭手段,也是文學語言的體現。詞彙所具有的多義性常是文學語言中的基本表徵。山歌具通俗化、口語化的特點,加上漢字同音諧音多,因此在文學創作上更能自由發揮,也才有「句句不離雙關語」等之歌詞說明雙關在山歌中運用之頻繁。本文目的在於探討客家山歌中同音雙關的系統性,並從同音異字、同形別義、近音別義三部分來分析,進而探討它在文學語言中的功能,以及它在語言理論中所呈現出的「羨餘性」。

關鍵詞:客家山歌、山歌、同音詞、雙關

---

[*] 本文初稿發表於2006年〈客家山歌中的同音雙關〉,客家民間文學學術研討會。桃園:國立中央大學。

概說

　　詞彙所具有的多義性常是文學語言中的基本表徵，由此注入了文學語言中活潑、生動的情感面貌，也豐富了文學內容。廣義的多義性含互補的多義性（complementary polysemies），指的是一詞有兩個或兩個以上的意思，其意義間具有關聯性；另一為對立的兩可性（contrastive ambiguity），指的是音同但形或義不同，通常具一語雙關。（Pustejovsky, 1995）因為音同是屬偶合性的巧合，在歷時層面來看，也許某些同形同音詞有關聯，但就共時層面來說是沒有關係的。束定芳（2000）又將同音詞再細分為絕對同音詞（absolute homonymy）與部分同音詞（partial homonymy），其中部分同音詞主要的特點是只有部分形式相同。在此，我們也可將其視為語音形式的近似，因為在處理客家山歌的同音雙關時，可能牽涉到聲調、聲母或韻腳之差，因此，部分同音詞是要考慮進去的。

　　本文主要從同音異字、同形別義、近音別義三部分來分析，探討客家山歌中同音雙關的系統性，並探討它在文學語言中的功能。客家山歌，作為一種文學樣式，可聯繫到南北朝的南方民歌中（劉大杰，1979；羅可群，2000），早在南北朝的南方民歌中，不論吳楚，在辭句的表現上，雙關隱語的手法就極為常見，如以「絲」雙關「思」、「蓮」雙關「憐」、「藕」雙關「偶」等等。連客家山歌歌詞，也都句句不離開

「雙關」語。如：

(1) 客家山歌最有名，又好唱來又好聽；**條條唱來雙關語**，句句唱來動妹心。
(2) 苗栗山歌盡有名，**條條雙關腔調靚**；句句抒情搭落韻，聲聲聽來心頭甜。
(3) 阿哥住在梅江邊，哥有份來妹有緣；夜夜山歌隔河唱，**抒情打景又雙關**。
(4) **句句不離雙關語**，油坑仙姑盲得時；當街撿到當街賣，盲曾學會尾駁尾。

　　雙關是山歌創作中一種常見且重要的修辭手段，其另一個特點為「羨餘性」（redundancy）[1]，即以舊的句法格式來表達另一新義；但從另一觀點來看，同樣的句法格式卻可以表達新的含義，亦有其經濟性。以構成條件來說，雙關有兩種類型：諧音雙關與語義雙關。（黎運漢、張維耿，1991）語義雙關從廣義來看，實則包括了語音雙關、詞義雙關（狹義的語義雙關）、語法雙關、語境雙關、漢字雙關等等（鍾玖英，2002），本文將範圍限定在同音雙關，即在客家山歌中以同音詞（含諧音）表現出的語義雙關。

---

[1] 「羨餘性」，參見《語言教學及應用語言學辭典》頁388，以及《現代語言學詞典》頁300-301。

語言有它活潑生動的地方，但若運用不適切，往往會適得其反，得到反效果，因此，雙關語的掌握便要能耐人尋味，使人有會心之感。由於山歌是以七字四言為基準，在分析客家山歌時絕對要考慮到具體的語境或上下文。

　　本文語料來源於2004、2005年「客話山歌歌詞蒐集編纂」、「整理客話山歌歌詞及民間故事收集編纂」二研究計畫中，共約一萬三千首左右之山歌歌詞，故以下舉例時除另有說明，否則不再特別注明出處。以下分三部分來談，分別是：詞彙多義的系統性，含多義詞與同音詞的區別；探討客家山歌中的同音雙關，分同音異字、同形別義、近音別義；同音雙關在文學語言中的體現。

詞彙多義的系統性

　　一詞一義的非多義性通常為科學語言中所奉行不變的，但文學語言又常常反映了多義性。

　　多義性（polysemy），有廣、狹義之分，廣義來說通常稱為歧義或多義（ambiguility），並分成兩種，即狹義的多義性與同音詞。（Pustejovsky, 1995）同音詞所具有的多義性為本文所探討的，但為區別二者，並對同音詞的概念更加瞭解，在此有必要對狹義的多義性與同音詞做一解釋。

　　此為狹義的多義性，或為多義詞（polysemous word），指的是一詞有兩個或兩個以上的意思，意義間具有關聯性，

為互補的多義性。其詞位（Lexeme）與意義（Meaning）的關係如下：

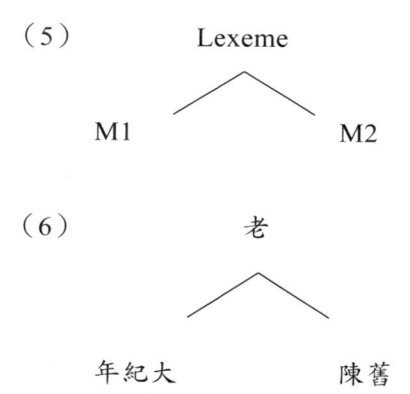

（5）　　　　　Lexeme
　　　　　　　／＼
　　　　　　M1　　　M2

（6）　　　　　　老
　　　　　　　／＼
　　　　　　年紀大　　陳舊

上例中，「年紀大」（如：老兵）與「陳舊」（如：老米）在意義上是有關聯性的。此外，互補的多義性可跨類，如以下的名詞與形容詞：

（7）　a) 尊賢敬老添福壽。（指尊敬年長的人）
　　　 b) 老人可比甘蔗樣。（指年紀大的人）

互補的多義性具系統性的語意關係，Pustejovsky（1995：31）將其劃分成不同的類型，有可數／不可數（count/mass）、容器／容物（container/containee）、圖景／背景（figure/ground）、產物／生產者（product/producer）、植蔬／

食物（plant/food）、過程／結果（process/result）、地點／人（place/people）等。如〔菜〕可表植蔬／食物：

(8) a) 逐頭〔菜〕總種到當靚。→指「每顆菜」（植蔬）
（每一顆〔菜〕都種得很漂亮）
b) 佢煮个〔菜〕當好食。→指「煮的菜色」（食物）
（他煮的〔菜〕很好吃）

或如，圖景／背景〔窗門〕：

(9) a) 〔窗門〕爛忒哩。→指「玻璃」（圖景）
（〔窗戶〕破了）
b) 適〔窗門〕過愛細義。→指「門框圍住之空間」（背景）
（從〔窗戶〕過要小心）

同音詞（homophone），指音同但形或義不同，或具一語雙關，為對立的兩可性。因為音同是屬偶合性的，碰巧音相同，在歷時層面來看，也許某些同形同音詞有關聯，但就共時層面來說是沒有關係的。同音雙關例如，客語的「勤儉」與「芹菜」；「韭菜」與「長久」；「公私分明」與「鴨公」；

「鉛筆」與「鉛球」，均為同音不同義字。又如在廣告詞或新聞報導中常見的雙關語：「出軌」、「誰在搞軌」。「出軌」一詞，可指動賓結構的「跑出軌道」或指慣用語「外遇」雙關義，二義均影涉非正常的動作或行為；「誰在搞軌」或雙關成「誰在搞鬼」。其形式（Form）與意義（Meaning）的關係如下：

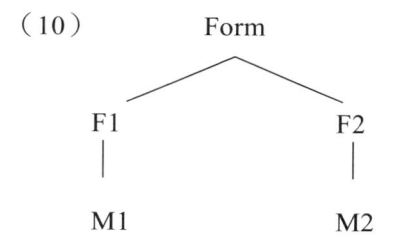

(10)
```
          Form
         /    \
        F1    F2
        |     |
        M1    M2
```

當為同音詞時，可以藉言談判斷中，以語用的訊息，亦即語境或上下文來排除兩可性，並選擇其中之一可能的搭配作為解釋，如：

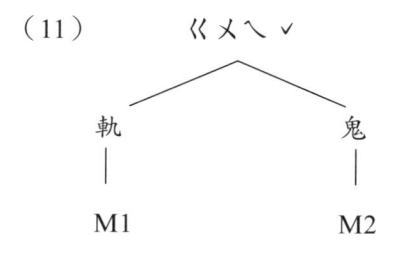

(11)
```
         ㄍㄨㄟˇ
         /    \
        軌     鬼
        |      |
        M1    M2
```

（12）　　　ㄑ一ㄥˊ
　　　　　　　⌒
　　　　晴　　　　情
　　　　M1　　　　M2

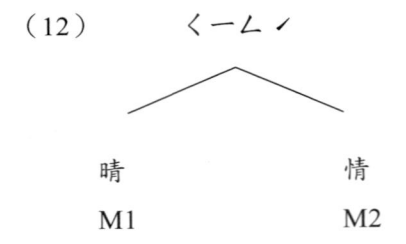

（13）一下熱來一下冷，無愛偃來你愛聲；一陣日頭一
　　　陣雨，問妹有晴無有晴。

「晴」可指涉「晴天」或「愛情」，「晴天」的「晴」與「愛情」的「情」，兩者意義無關，因此句子有兩解：a) 當「晴」時，語境所指為當時的天氣；b) 當「情」時，語境所指為女子之情意。或另依上下文來解義，如：

（14）莫話阿哥毋關心，千里路遠都來尋；燈芯拿來做
　　　門搭，一出一入郎關芯。

依頭二句的字面意，第一句的「關心」為關懷之意，配合後二句的「燈芯」與「關芯」，「關芯」之「關」為關掉之意，二者之「關」，表面上看似音同義不同，但前後上下文連貫來解，使二詞意義上具有雙關義。

客家山歌的同音雙關

　　客家山歌的同音雙關類型可以分成三種，以下即以同音異字、同形別義、近音別義等形式來分析。

　　同音異字，即語音上完全相同，但字形不同以作為諧音雙關，這也是最常見的雙關形式。例如以「絲」雙關「思」、「歌、高」雙關「哥」、「藕」雙關「偶」等等，都是客家山歌中很常見的。如「藕」在客家山歌中常可雙關成三組：「蓮藕」的「藕」、「配偶」的「偶」、「偶而」的「偶」等，表面上藉著蓮藕的並蒂隱語著想要成配偶，或是對情人偶有的思念；另外，因蓮藕的纖維密，拗斷時會有絲狀物的牽絲貌，抑或是蜘蛛在結網時，其網狀物成絲狀，因而「絲」便常雙關成「思」。如以下三例：

（15）刀切蓮**藕**絲連絲，倨郎歸家仰恁遲；坐在間邊毋敢睡，愁佢毋曾帶鎖匙。

（16）風吹雲動天毋動，水推船流岸毋流；刀切**藕**斷**絲**毋斷，倨兩生死都毋丟。

（17）掛念親哥無隔時，阿妹真心哥也知；蜘蜞結網三江口，水打毋斷係真絲。

　　此外，「蓮」也可雙關成「愛憐」或「憐惜」的「憐」，又「蓮子」為蓮之心，因此便有「憐惜你」的心意在。如：

（18）哥哥妹妹情意長，中秋相約會蓮塘；妹摘蓮子表心意，哥採蓮子表心腸。

　　與「哥」同音的字也常被用做雙關語，有的藉「唱歌」的「歌」以雙關「哥」，或藉妹的身材「高度」的「高」以雙關「哥」，因為在客語中，「哥」、「歌」、「高」同音。如以下前兩首均以「問」的方式，詢問女子是否願意跟隨男方（即「阿哥」）或問是否喜歡男方（愛哥）；在第三首的後二句則可隱語情人隨處在旁陪伴之意。如：

（19）細妹生得係苗條，頭上梳起招郎毛；九月重陽放紙鷂，問妹肯高毋肯高。
（20）這邊有个單身哥，奈邊有位好嬌娥；唱條山歌做牽線，問妹愛歌毋愛歌。
（21）敢唱山歌毋怕愁，唱到雲開見日頭；一日三餐歌捞飯，夜夜睡目歌貼頭。

　　客家山歌為生活的表現，因此生活中的蔬果或動植物也是常用的題材，例如以「石榴」的「榴」雙關成希望情人可以「留下」的「留」；或藉蝦子以煙燻熟成屈狀貌，諧音雙關成「冤屈」，「煙」、「冤」同音。如：

（22）送妹送到大塘頭，樹上恁多大石榴；手摘石榴交

分妹，妹仔愛轉**倨**愛榴。

(23) 天變一時就係你，冤枉拗人無天理；白紙糊窗**無個字**，火炙蝦公煙屈哩。

上例中，另有雙關詞「無個字」，意指「無個事」（沒有的事），「字」、「事」同音，先藉第二句帶出字面意「冤枉」，第三句藉由「白紙糊窗無個字」，意指前述之冤枉事是沒有的事，又前述之「冤枉」與尾句蝦子的「煙屈」貌，二者具雙關上的呼應。

天時的晴天與否，也常是山歌雙關的題材，因為「晴」與「情」雙關，藉著天氣的「有晴天」還是「無晴天」，隱語著心儀的對象到底是「有情」還是「無情」。如：

(24) 這條大路免哥行，無個事情講恁成；一陣日頭一陣水，看等有**晴**又無**晴**。

(25) 高山頂上一坵田，無陂無圳做菜園；日夜燒香拜菩薩，有**晴**無**晴**打幫天。

在下例山歌中，藉由「燈芯」而喻指不管是「放芯」、「芯頭」、「共一芯」均帶雙關「放心」、「心頭」、「共一心」。如：

(26) 茶油點火愛燈芯，郎添油來妹放心；兩人點起心

頭火,兩頭著火共一心。

　　以下兩首則分別以「無鉛」同音雙關男女之間的「無緣」;以「漿袖哩」同音雙關成「將就了」(意指隨便、都好啦):

（27）紙碎拿來做花邊,看妹毋值兩毛錢;銅皮拿來打戒指,也無金來也**無鉛**。
（28）一陣大風吹走哩,飯湯洗衫**漿袖哩**;山歌確係你過好,火燒學堂坐書哩。

　　同形別義,即以同形字作諧隱雙關,因為同形,故而音也同,但意義上卻有區別。如:以筷子單隻的「無雙」諧女子孤單的「無雙」:

（29）一更鼓打月臨窗,又聽門頭刮大風;親哥走哩自家睡,單只筷子就**無雙**。

　　蓮子的心本是苦的味道,故以蓮心是苦的「苦心」諧情人心裡很苦的「苦心」,若再加上同音異字的雙關「蓮」雙關「憐」,因而有下例的雙關:

（30）毋講苦情你毋知,講起苦情無藥醫;你係黃瓜苦

頂尾，㤰係蓮子苦心裡。

以開水泡茶使茶葉心泡開的「開心」諧情人心情快樂的「開心」：

（31）恁遠看著一團金，行前看著細茶心；妹係細茶郎滾水，滾水一泡就**開心**。

用風吹水面會起漣漪的「連（漣）」諧情人來交往的「連」，故此首山歌在類型上也可以屬於同音異字雙關：

（32）耕田愛耕門口田，筆直耕到妹門前；一日來邐兩次水，因風吹水又來連。

下例中，以前句燈芯的芯是屬同一條芯的「芯」，諧男女二人的心是同心的「心」：

（33）毋怕旁人使暗刀，紙鷂斷線任風飄；燈芯拿來兩頭點，總係兩人**心**一條。

以「知不知道」的「知情毋知情」諧所愛的人到底知不知自己的情意：

（34）哥就好比揚搖形，妹就好比牡丹身；你个嬌容偃有份，問你**知情**毋**知情**。

近音別義，是以相接近的音來諧音成雙關，含聲調、聲母、韻母的近似。如收雙唇鼻音韻尾的「金」與舌尖鼻音韻尾的「經」，或如去聲的「射」與上聲的「捨」等等。

愛情來時通常男女雙方會不好意思，常在一些行為上表現出「假正經」的樣子，因此便用「銅」、「錫」非真金類的物品來雙關「假真金」成「假正經」，且「錫」、「惜」同音，意指雖非真金但有「憐惜」之意；又或以斤兩秤重來指稱不到一斤的十三兩為「假正斤」雙關成「假正經」。如：

（35）平常老妹笑盈盈，今日見了冷冰冰；銅打禁指包个錫，偃知老妹假真金。
（36）棉車打線望真情，枯樹架橋害死人；風車睡目妹莫攪，十三兩秤假正斤。

客語以針線縫衣服的動作為「連」四縣腔音 [lion[11]]，但此字在諧男女交往的「連」時，可將其視為文讀音 [lien[11]]（如例（37）、（38））；又例（38）中，「燈芯」的「芯」似乎呼應雙關著後一句的「心」，而「機」為陰平調，雙關著陽平調的「佢」（他），表面指有針沒線要如何縫衣服呢，把燈芯拿來織草帽，是白做工的，但另一義卻隱含著不知要如何才

能與心儀的對象交往（即「連」），真是枉費想追求的那個人（即「機」（佢））日夜糾纏著。如：

(37) 單身阿哥最可憐，衣衫爛了無人連；肚飢無人煮飯食，死了無人燒紙錢。
(38) 毋相毋識難開言，有針無線仰般連；燈芯拿來織草帽，枉費心機日夜纏。

客語「射」為去聲，雙關上聲的「捨」，亦即女子捨不得與情人別離。如：

(39) 鳥雀分群各東西，人間最苦傷別離；阿妹有弓又無箭，喊妹仰般射得你。

客語「魚」為成音節的舌根鼻音，雙關為成音節舌尖鼻音的「你」，亦即吸引情人來追求（「引魚（你）來」），或是心中想著你（「想著魚（你）」）。如：

(40) 恁久無來三湖排，到處山上有花開；花香引得蝴蝶轉，山溪有水引魚來。
(41) 一隻官翠著綠衣，飛來飛去想著魚；塘裡無風空起浪，眼中看飽肚中飢。

同音雙關中文學語言的體現

　　以下分別從修辭手法的呈現與文學語言的傳承與創新，來體現同音雙關中的文學語言。

　　文學作品中常藉著不同的修辭手段來呈現內容的適切性與生動性，其中同音雙關在山歌的創作中也常扮演重要的地位，藉著一些委婉含蓄的意象來傳達思想感情。當然這種創作有其時代、人文背景。人們在創作山歌時，若不直接表明意思時，往往用「指物借意」等手法來傳達內心的情感，造成一語雙關，雖說是一語雙關，但更多的是想藉雙關表達出弦外之音，因此「弦外之音」才是山歌想表達的主題。由於山歌是以七字四言為基準，故在分析或創作客家山歌時絕對要考慮到具體的語境或上下文。

　　諧音雙關一般在末句為多，語境的構建具起、承、轉、合，故而前後句之間也常有同音雙關的呼應關係。也由於客家山歌通俗易懂，形象生動，押韻上口，可唱可誦，有濃厚的客家語言特色和客家地方特色。

　　鍾玖英（2002）在論及雙關時，認為：「傳統修辭學所說的反語、委婉、誇張、鑲嵌、諷喻、象徵（暗徵）比喻（明喻除外）等同雙關都有全部或部分的重合現象，都可以認為是廣義雙關的具體投射。」

　　山歌上承《詩經》的遺風，以賦、比、興為主要修辭手法，也常用重章疊句，尤以雙關較為見長。每一首山歌以四

句為基準，每句七字，多半在第一、二、四句押韻，且一韻到底，以平聲韻為多。一般押的韻為主要元音加韻尾，雖說一、二、四句押韻，但在某些山歌中卻押的比較廣泛（有些表面上的差異也不排除是次方言間的語音差異，或田調時發音人的語音流變）。如，舌根鼻音韻尾與雙唇鼻音韻尾可相押（或是山歌演變成不相押也可接受），如下例的「名（-iang）、聽（-ang）、心（-im）」三字應當要相押，「名（-iang）、靚（-iang）、甜（-iam）」三字也應當要相押，但事實上，「心」、「甜」的主要元音 [i] 與韻尾 [m]，並不與「名、聽」、「名、靚」的主要元音 [a] 與韻尾 [ng] 直接相押。

(42) 客家山歌最有名，又好唱來又好聽；**條條唱來雙關語**，句句唱來動妹心。
(43) 苗栗山歌盡有名，**條條雙關腔調靚**；句句抒情搭落韻，聲聲聽來心頭甜。

客家山歌也是客家人生活的反映，羅可群（2000：344-376）指出客家山歌在作為一種文學樣式時，從山歌的各種藝術表現手法來看，它繼承了古典文學中《詩經》、《楚辭》、漢樂府和南朝民歌的傳統。以諧音雙關來說，江南吳歌在藝術表現手法上的最大特點，便是「諧音雙關極多」。又劉大杰（1979：296-302）也提到說：「早在南北朝的南方民歌中，

不論吳楚，在辭句的表現上喜歡用雙關的隱語，如以『絲』雙關『思』、『蓮』雙關『憐』、『藕』雙關『偶』、『匹』雙關『配』等等，而這種表現法的特徵，在漢魏的歌謠裡，則是沒有見過的。」

　　山歌中常藉著一些委婉含蓄的意象來傳達思想感情。因為通俗口語通常也為了要讓對方易於理解，山歌中的雙關語大致上都不易懂，但要創出一首好的雙關歌詞也是不容易的，不僅要顧慮到基本的押韻、對仗關係，前後文也要有呼應關係，而語境的構建也要能有起、承、轉、合的流暢性在，更重要的是語境的建構是不是能表達出主要想表達出的弦外之音，因此，同音或諧音字的運用就特別重要。全首均帶雙關的山歌歌詞並不多見，如：

　　（44）妹煮蓮莖切藕絲，等郎歸來免肚飢；莫貪別處一雙箸，只怕心中忘忒時（匙）。

　　這是一首綜合上述同音異字、同形別義、近音別義三種手法的歌詞，而且是全首近乎雙關，主要是說深情的女子因懷念丈夫，故親自切藕煮蓮湯，以免丈夫回來肚子餓了，並勸郎君不要貪用別處的筷子，且怕郎君用了別處的筷子忘了要用家裡的湯匙了。此首雙關成另一含意：「妹自連庚（指結婚）妾偶思，等郎歸來免肚飢；莫貪別處一雙住，只怕心中忘却辭。」一方面懷念丈夫，親自切藕煮蓮湯等郎君回來食

用，另一方面卻雙關成擔心丈夫抵擋不了別處女子的誘惑而長住他處，也深怕郎君忘記辭去他處並早日回家。全首均以諧音法造成除字面義外的雙關義，並將雙關語的手法運用得非常圓熟，讀起來真是有會心一笑、拍案叫絕之讚，不管字面義或弦外之音都能深切表達女子的深情與關懷，這真是一首絕妙好詞！另外，我們在黃度公《人境廬詩草》（參見《客家山歌研究專集》1981：24-25）有收錄類似山歌歌詞：

（45）自煮蓮羹切藕絲，等郎歸來慰郎飢；為貪別處雙雙箸，只怕心中忘卻匙。

故而此句可雙關成：「自主連庚（指結婚）妾偶思，等郎歸來為郎居；為貪別處雙雙住，只怕心中忘却辭。」從雙關及押韻對仗來說，「為郎居」或「箸」對「匙」，此句似乎更貼切，因而前一句有可能是後一句的流變，但原則上並不違反山歌的形式，這也說明了山歌創作上的彈性與多變性，自由彈性中並不違反山歌創作基本的準則。類似的變化還有以下用「芹」雙關「勤」，或句中看不到「勤」字卻有「勤」意；或用「韭」雙關「久」，或句中看不到「久」字卻有「久」意；以及「卒過去」/「卒落去」（指象棋中名詞性的「卒子」過去）、「將來哩」（指象棋中名詞性的「將軍」來了）雙關「捽過去」/「捽落去」（指動詞性的撞撲過去/撞撲下去）、「將來了」（指副詞的「將要」來了）。而不管是「用車」還

是「動車」，或是用「卒過去」還是「卒落去」，都不違反對仗、押韻、語義、雙關等，這便是創作上與使用上的自由性。如：

（46）高山種菜石頭多，芹菜韭菜種一窩；郎食芹菜**勤**想妹，妹食韭菜久念哥。

（47）高山種菜石頭多，芹菜韭菜種一窩；郎食芹菜會想妹，妹食韭菜會想哥。

（48）蚊帳肚裡下象棋，阿哥用卒妹用車；阿哥對妹卒過去，阿妹就喊將來哩。

（49）蚊帳肚裡作象棋，阿哥動卒妹動車；阿哥卒仔卒落去，阿妹就喊將來哩。

在客家山歌中，創作多以情歌為主，但也有表達出如例（1）～（4）山歌特色的雙關句，另外還有表達山歌創作來源的特色，亦即山歌的創作主要是靈感來了便可隨口唱出，而「從口」亦雙關了客家山歌的來源是從「松口」這個地方流傳開的，如：

（50）山歌無論聲並腔，各人唱出各地腔；山歌本係從口出，毋係米穀用斗量。

此外，山歌也有表達出移民生活的情形，在下例中，整

首山歌的語境均帶有雙關義,「彎了彎」、「孤單」均可當做同音雙關,只是指稱的對象由「鳥」轉指到「人」;「轉江河」、「轉山」亦當做同音雙關,可雙關成「長江、黃河、唐山」的「江、河、山」,喻指想要回去原鄉。如:

(51)魚在塘中彎了彎,鳥在籠中叫孤單;毋知幾時天開眼,魚轉江河鳥轉山。

因此,客家山歌具有從史到今表現在文學語言的傳承特色,也有許多文學語言創新的手法在,從同音雙關來看,這正是客家山歌文學語言的體現。然而,雙關還另有一個特點為「羨餘性」,指的是一個特徵(語音或語法等)如果為識別一個語言單位所不必出現的,就是羨餘。以山歌雙關來說,它是以舊的句法格式來表達另一新義;但從另一觀點來看,同樣的句法格式卻可以表達新義,亦有其經濟性。所謂的新義,即指山歌中除表面義外的弦外之音的雙關義,本文所舉的例子均表達出山歌中同音雙關的羨餘性。

小結

本文先從詞彙所具有的多義性入手,先區分出互補的多義性(多義性),與對立的兩可性(同音詞、雙關),再系統性的探討客家山歌中的同音雙關。同音雙關體現在形式上

有同音異字、同形別義、近音別義；體現在文學語言中則有修辭手法的呈現與文學語言的傳承與創新，二者實為一體兩面，另外，客家山歌的同音雙關在語言理論中也顯示出「羨餘性」的特色。

　　客家山歌內含豐富之人文情懷、具有獨特的藝術風格，與鮮明的地方色彩，由於隨性所編所唱，且可透過優美的旋律來表達演唱者的情緒，故經常可以舒吐心中之鬱卒，同時也透過生動而貼近生活的語言來表現內容，成為現代客家人寶貴的文化資源。

臺灣當代客家流行音樂初探：
論結構上的平面之美[*]

　　音樂，是由聲音組成的一種藝術形式，將聲音打散成最小組成音，便是音樂中基本音符的構成。因而音樂是屬於形式之美，是在時間流動下不拘於某一形式的詩。本文將從共時平面上的結構主義與去熟悉化來探討客家音樂中，聲調和諧之美、客與非客旋律和諧之美、語言形式與意境之美，以及內含的客家民間文學之美等。其中，語言形式之美含故事性的平鋪直敘、詩意翩翩式的美麗圖畫，雖平鋪的歌詞，但由音與詞而帶領聽者進入一幅詩意滿滿的畫當中，語言文字的寓意象徵，也包括一種對社會性的反動思維。一首歌曲的賞析，不能單從一個面向來理解，由不同的個別而結構成一個整體，甚至整體美大過於個別結構美的相加。本文結語當中亦將總結客家音樂美學的生活化問題，含客家音樂融入式客語教學。

關鍵詞：客家流行音樂、客家音樂美學、結構主義、去熟悉化

---

[*] 本文初稿發表於2019年〈臺灣當代客家流行音樂初探：論結構上的平面之美〉，《臺北城市科技大學通識學報》。第8期，頁179-195。

概說

朱光潛（1984：236）提及「美」都會起於「形相的直覺」。既然「美」可以起對「形相的直覺」，因而本文將大膽的從共時平面性的結構主義與去熟悉化來探討客家音樂，亦即本文將跳脫傳統的民族學、人類學等帶有歷史文化的歷時角度，而是從共時平面的結構學角度來探討臺灣當代客家流行音樂。所謂的「臺灣當代」，本文暫定位在音樂創作人還活躍在客家流行音樂的創作；對本文所指的「客家流行音樂」，則定位在歷年來的得獎或入圍作品，且筆者長年來在大學教學中的音樂融入式教學法中，普遍受到大學生所喜愛的客家流行歌曲為主，故而本文不刻意強調客家流行音樂的演變，專論臺灣當代客家流行音樂中，結構上的平面之美。所謂的結構主義[1]是二十世紀下半常用來分析語言、文化與社會的一種研究方法，強調結構的客觀性，一般常以索緒爾（Ferdinand de Saussure, 1857-1913）（1956）研究語言學的方法為一代表。基本上，結構主義企圖探索一個文化意義是藉由什麼樣的相互關係被表達出來。也就是說結構主義藉由相互間不同的各種文化的結構分析，由此再組成一個文化深層的普遍意義。本文分別從聲調和諧之美、客與非客旋律和

---

[1] 參考「中文百科在線」http://www.zwbk.org/zh-tw/Lemma_Show/98640.aspx。

諧之美、語言形式與意境之美、內含的客家民間文學之美等四方面，從結構主義分析客家流行音樂美學。然而，客家音樂美學是一整合性的研究學問，它無法藉由拆解各項結構成分後相加，而再產生美學的整體性，因而本文藉由相互間不同的各種音樂美的成分加以分析出個別的法則後，由此各層面的互動、結合而再產生、再製造出普遍意義的客家流行音樂美學。

雖然本文認為客家流行音樂中，較少存在所謂的距離之美，以及去熟悉化之美。但是距離的認定與熟悉化的認定，其實都較為主觀，在許多的客家音樂歌詞創作當中，其表層形式的語義上，多數並無認知過程上的難度，字面義與字面結構的認知理解，均不需花費過多的時間，表層來看為一種熟悉化的表現，實際上其認知過程的難度在於對詞具有的意象或言外之意的理解，再加上與以往的客家音樂相較，當今流行歌曲之旋律與歌詞都不失為一種去熟悉化的表現，因而結合起來或更具有美與象徵的意涵。

既然「美」無法被框架住、也無法為「美」下一定義，故而以下分別從聲調和諧之美、客與非客旋律和諧之美、語言形式與意境之美、內含的客家民間文學之美等四部分來論。

聲調和諧之美

音韻，為語言的聲母、韻母、聲調之合稱，亦屬語言形

式之一。基本上,音樂中的歌詞、旋律往往具有一種聲韻和諧之美,含雙聲、疊韻、押韻的和諧,因為這是歌詞中常見的語言形式,故而本文不特別討論聲韻和諧之美。但因為臺灣客語有不同的腔調,客家歌曲的演唱,從早期的山歌、小調以來,多數以四縣聲調之旋律為主要,極少數為海陸或大埔腔。尤其在傳統山歌的演唱中,往往得配合聲調的抑揚頓挫來表現。語言的聲調,為語言之音,當聲調配合音樂的旋律時,亦即音符以語言的聲調創作為主要,變成了歌曲的聲音,亦即曲風、旋律。

音符有七個基本的音階,並由此再延伸不同的半音與高低八度音的變化等等。四縣客語有六個聲調,海陸客語則有七個聲調,有趣的是兩腔的調值幾乎呈現完全相反的走向,亦即:你高我就低,你低我就高;你降我就升,你升我就降。另,海陸的第七個聲調為中平,對應到四縣則為高平。比較如下:

調類	陰平	陽平	上聲	陰去	陽去	陰入	陽入
海陸調值	53	55	24	11	33	5	2
四縣調值	24	11	31	55		2	5

客語流行音樂,大致延續傳統山歌的演唱模式,即以四縣腔的調值為基底的旋律架構,但有音樂人在四縣與海陸聲調調值的和弦運用上,卻是分具獨到之處,並各樹一幟,甚具和諧。以下以兩位音樂人為代表——陳永淘與曾雅君。

陳永淘[2]〈鷯婆〉（收錄在《阿淘和孩子一起下課啦》），是一首現代創新童歌，由小朋友組成的合唱團演唱起來，別有一番純樸天真的童趣，整首歌的演唱大致為四縣腔聲調的旋律，不過創作者一來在其中一句如「阿婆竹頭下打鬥敘」會轉以海陸腔聲調的主旋律，二來在合唱團的二部合聲當中，第一部也就是主部旋律為四縣腔調值演唱，在每一句歌詞演唱時，第二部則合以海陸腔調值為輔助，建構出幾乎整首歌曲整體上的和諧性，令人感覺在熟悉的聲音之中又具有新意。同樣也是陳永淘〈頭擺个妳〉（收錄在《離開臺灣八百米──阿淘的歌》），整首歌的演唱大致也為四縣腔聲調的旋律，其中有七句的「還記得、還記得、還記得妳」，創作者分別在三、五、七句的「還記得妳」轉以海陸腔調值為主旋律，無形中讓七句重複詞句的旋律更具變化性，加上演奏的樂器，如：吉他、小提琴以及弦樂配器等，也讓整首音樂悠揚又雅緻。當然，陳永淘歌詞中的鄉土情、土地情、客家情，加上療癒磁性的渾厚嗓音，聽者對句子語義認知的過程也不至花費過多的時間來理解，又自然、生活的景色、童趣能與聽者的距離有多遠呢？由此而共同譜成美麗又好聽的客家音樂。

曾雅君[3]〈存在〉與〈你一個人，佢一個人〉（均收錄在

---

[2] 2010年獲客家新曲獎客家音樂特殊貢獻獎。
[3] 第21屆與第25屆金曲獎最佳客語專輯獎、第25屆金曲獎最佳客語歌手獎。

《Yachun Asta Tzeng》），不同於其他大部分的音樂創作人，整首曲非以四縣腔或海陸腔的調值為基底的旋律架構，也不同於陳永淘四縣為基底，搭以海陸腔的點綴或和弦、合聲。若說大部分的客家流行歌曲可以四縣腔或海陸腔唱唸，那麼，曾雅君的創作卻是跳脫單純的四縣腔或海陸腔，其旋律反而綜合、融合四縣腔與海陸腔兩腔的聲調調值，甚而音階超出客家話中的基本六或七個聲調值。在現今的客語音樂年輕創作者當中，或面臨客語音並非十分道地，同時也面臨今之客家話因強勢四縣腔與海陸腔，兩腔相互接觸，因而產生所謂的四海腔，也就是說四海腔是以四縣調為基底，其聲韻均帶有海陸腔的聲韻詞彙等特色，反之亦然。[4] 曾雅君的〈存在〉與〈你一個人，偃一個人〉初聽之下，或偏向四縣調，但聲韻具海陸腔的特色，但又因曾雅君的唱腔具有特殊的轉音特色，當聲音、旋律一轉，可以同時讓一字之音具有高、低音的轉變，或同時具有升調與降調的變化，如此，則兼融四縣腔與海陸腔的特色了。雖然四縣腔與海陸腔調值完全相反，但實際上，兩腔降調的實際調值並不相同，含兩腔同具有的升調、高入、低入等，也是如此，故曾雅君的旋律、音階範疇，或更擴大許多，加上創作者的歌詞跳脫客家的鄉土、情懷，反而是少數音樂人當中，以都會女子的獨白、人生課題、哲理的詞義來創作，更增添整體的孤寂與情感上的

---

4 有關四海話，參見賴文英（2013a）。

美感。

　　客語各腔的聲調值，通常對各腔人士都是一種熟悉的模式，但上述兩位音樂人的創作，在聲調的運用上，卻是在非常態模式下同時進行四縣與海陸相反調值交互間的應用，另創造出一種和諧感，譜成像是聲調多元化的交響樂章，因而這是一種將原先熟悉的聲調去熟悉化的運用，讓聽者聽覺、心靈處在一種愉悅的態度，進行著像是熟悉又像是不熟悉的客語聲調音樂和諧旋律之美的饗宴。

客與非客旋律和諧之美

　　非客，在本文所指的是非客家傳統音樂，一般是在客家流行音樂之中注入外來成分的音樂風格。但我們其實也無法去定義所謂的「非客」，故而本文強調是在大家原先熟悉的客家音樂樂風中注入了頗具新鮮感的外來成分，含括東洋風、西洋風、爵士風、嘻哈風、電音風等等。[5] 因而對客家音樂市場來說，也是一種去熟悉化，讓聽者聽覺、心靈處在一種新鮮感、具創新、又好聽的感觸之下。這也顯示客家流行音樂不停的在進步、不停的在創新，也不停的吸收外來成分以提

5　本文實也難定位所謂的東洋風、西洋風等等，是因在音樂學的領域中，東洋風、西洋風即帶有不同的音樂風格在，是故本文引這些用詞也只是站在普遍制式的印象觀點或刻板印象來說，並不去細究個別的音樂風。

升客家音樂的品質。以下分別先從三位音樂人來分析客與非客旋律和諧之美——林生祥、顏志文、劉劭希。

　　林生祥[6]，前後組過交工樂團、生祥樂團，其作品風格在不同的年代裡，往往都帶有很強的社會性反動，譜出勞工與農民生活辛勞的寫實情境，這部分我們於下一節再討論。林生祥的樂團中，有兩位成員是來自於日本的音樂人，其中〈種樹〉[7]（收錄在《種樹》）裡頭有日本樂器——三味線（三弦）的演奏，初聽有點像臺灣民謠中的月琴音特質，因而在林生祥的音樂旋律當中，也往往帶有臺灣民謠風、日本東洋風，加上對客家的執著，也保留道地的客家風。由於創作人主張音樂風格的多元性，只要是符合自我音樂創作的風格，創作者會吸收進來，因而林生祥對臺灣恆春民謠、日本民謠等，均有所研究，也將月琴更新為六弦月琴、並創新製作電月琴，但也由於他堅持臺灣音樂、客家音樂風，故而林生祥的音樂造就了一股兼具傳統又具現代創新性的客家流行音樂風。《種樹》專輯，為農民而發聲、為環境生態而發聲，在〈種樹〉一曲中，簡單的歌詞卻意涵深厚，純樸的吉他、三弦聲，在東洋風中又帶有濃濃的臺灣民謠情，卻也不失客家音樂的特質。

---

[6] 自2000年以來至2017年即陸續獲金曲獎、金馬獎等音樂類型的獎項。

[7] 林生祥演唱、作曲，鍾永豐作詞；《種樹》專輯獲第18屆金曲獎最佳客語專輯獎、歌手獎，以及〈種樹〉一曲作詞人獎。

顏志文[8]，前後組過山狗大樂團、山狗大後生樂團，曾至美國修習西洋音樂，主修編曲和現代吉他，其創作之客家音樂中，常具有西洋電子吉他風、爵士風，也常和不同音樂領域的音樂人合作。其中〈山狗大〉[9]（收錄在《山狗大》），歌詞簡單，但有道地的客家詞彙與客家文化意涵，整首歌其實用一種輕快俏皮式又帶些搖滾式的以四縣腔唸唱即可，但中間卻有一段很精彩也是輕快式的電吉他演奏；而在〈厓教你唱山歌〉[10]（收錄在《係麼人佇个唱山歌？》），歌詞中「唱山歌」、「打採茶」、「打鑼鼓」、「鋸大弦」、「唱到日頭愛落山」、「不分大細也老嫩，唱到三更光無半夜」等等，其實都是很道地的客家詞彙與客家文化的表達，但樂器的表現卻綜合不同的現代西洋樂器，這便是屬於顏志文在傳統的客家音樂中注入了西洋風風格的現代客家流行音樂。

　　劉劭希[11]，研究電子合成樂器，《野放客》是一張舞曲專輯，這張專輯也讓他成為2002年金曲獎的大贏家，其中，〈三藩市个咖啡屋〉[12]（收錄在《野放客》）則是一首帶有

8　自1995年以來，即以客家音樂模式幫候孝賢的電影配樂，1997年以來獲國內外大大小小的音樂類型獎項不等。
9　顏志文演唱、作曲、作詞；1999年入圍金曲獎最佳方言演唱人獎。
10　顏志文演唱、作曲、作詞；1997年音樂人交流協會推薦為六月份之最佳專輯暨年度銀牌獎。
11　2001、2002年分別獲得金曲獎最佳方言男演唱人獎、金曲獎最佳客語演唱人、最佳專輯製作人獎項。
12　劉劭希演唱、作曲、作詞，編曲：劉劭希/ David Jr.。

Basanova[13] 輕爵士的風格,旋律變化不大卻很輕柔,很適合如創作者歌詞所說的「一個人在昏昏暗暗燈光下慢慢欣賞jazz music」,然後喝著「醉人个咖啡香」,聽著聽著,身體好像會不自主的隨著音樂而輕輕搖擺著,這時候,誰又會管歌詞其實是訴說著一段過往的感情呢?Basanova輕爵士的風格,其實舉世皆然,也就是說,今日不管你唱的是哪一族群的語言,旋律聽起來都會有一致的風格。但是劉劭希在客家流行音樂當中,融入了西洋的輕爵士風,其意義不僅讓年輕人對客家流行音樂接受度高,也覺新奇好聽,更是一種創新。

劉劭希、林生祥、顏志文等,這一群都算是第一代勇於吸取外來成分創新的音樂人,共同帶動並在客家流行音樂中注入新生命,在後來的大環境之下,或影響、帶動年輕一輩的音樂創作人,如:陳正航、賴予喬、黃瑋傑等等。陳正航,組神棍樂團,在曲風中融入了臺灣電音的臺客搖滾風格,堪稱是結合佛道教、南北管、客語等不同民族元素的宗教民俗搖滾,如2012年以單曲客語歌〈九號公路〉[14] 入圍第三屆金音獎「最佳搖滾單曲」,其副歌處易讓人朗朗上口。賴予喬,組二本貓樂團,四位團員中,三位成員的樂器分別為木吉他、低音提琴、爵士鼓,如〈真正个自由係〉[15],獲2015

---

13 Basanova是一種融合巴西森巴舞曲和美國酷派爵士的一種新派爵士樂。
14 陳正航演唱、作曲、作詞。
15 賴予喬演唱,二本貓樂團作曲作詞。正式成團不滿一年,已榮獲三個政府舉辦的創作大獎。

年臺灣原創音樂大獎客語組首獎,其MV畫面顏色淡雅簡潔,三人的樂器各擺其位,加上主唱慵懶的嗓音,形成了一種視覺、聽覺上的和諧與舒服,曲風還帶了些具有瀟灑的爵士風、校園民歌風,非常清新,頗令人耳目一新。同樣也是融合多種樂器的黃瑋傑,〈山脈〉[16](收錄在《天光·日》),樂器有:木吉他(黃瑋傑)、大提琴(孔仁欣)、月琴(黃培育),另有和聲黃仕傑。在黃瑋傑安穩柔和演唱的聲音特質中,加上歌詞意境,以及中間一大段沉穩又悠揚的民謠風音樂演奏,令人有一種在漂移之中卻感受到安定感。

語言形式與意境之美

前文提及音樂是屬於旋律音符上的形式之美,但本節的形式主要指向語言的形態,含詞彙形態、句子結構、對仗等等,大體來說,客家流行音樂的文字呈現,不管是敘事、抒情,往往都較為平鋪直敘,較為貼近生活,反而較少反常化、去熟悉化的象徵意涵。少見的一首以象徵為框架的主題歌名為〈髻鬃花〉[17],雖然其歌詞內容還是屬於貼近生活上的

---

16 黃瑋傑演唱、作曲、作詞,編曲:黃瑋傑 / 孔仁欣 / 黃培育。專輯入圍第26屆金曲獎最佳客語專輯與演唱人獎,獲第6屆金音獎最佳民謠單曲獎。
17 鄭朝方演唱、作曲,葉國居作詞;2008年入圍金曲獎最佳作詞人獎與最佳客語專輯獎。

人事物，然而，髻鬃花並不是真正的一種花或植物，故而這是一種主題性的反常化與去熟悉化。早年傳統客家婦女會把頭髮盤成髻鬃，也方便於做事情，當母親從年少的辛勞，隨著歲月而髮蒼蒼時，就像歌詞「該蕊花，汗水香，囥等親情分麼儕，髻鬃花係恁樣，勞勞碌碌，朝晨做到日頭斜斜」。白髮的髻鬃象徵一個辛勤而溫柔的母親年老了，花白頭髮而辛勞的髻鬃花，意象深遠。

然而，文字平常化也無不好，平凡往往也是一種美。一首歌或像是述說了一個感人、美麗並帶點傷悲的故事架構，如〈頭那毛个色〉[18]，也是一種美，也是一首和頭髮、父母親辛勞有關的歌，從「該係一種特別个色」起頭，在背景音樂鋼琴淡淡的演奏之下，娓娓道來「該係阿爸頭那毛个色」，父親的辛勞讓其頭髮從「烏色」轉變成了「白色」的過程描述，當作者「在外地讀書个時候」，父親的關懷「電話該片个烏色」，而當作者「擛擛目珠䰲正看清楚這歲月染成个白色」，「烏色」是一種「深毋見井底共樣个烏色」，也是「山肚項暗晡頭共樣个烏色」，在時間的流逝之下，「白色」變成了一種作者「䰲認毋識這頭那毛个色」，而且是白得像是「雪白白像該五月滿山油桐花个色」，在「烏色」、「白色」交錯的時間與空間之下，小女孩似乎也長大了，能體會父親的辛勞，對

---

18 蘇郁涵演唱、作詞、作曲；第4屆客家流行歌曲創作大賽首獎。亦為公視劇母親系列《桔醬的滋味》主題曲，父親角色改成母親的詞彙。

父母親恩情的寓意象徵，以故事性手法呈現，很平常、很熟悉，但一樣感動人心。

語言文字的寓意象徵之美，除上述主題性的反常化與去熟悉化的〈髻鬃花〉之外，下面另介紹三首主題與歌詞都很平常化且熟悉化的，包含讓旅行變得更有意義的〈放心去旅行〉、詩畫翩翩的〈花樹下〉，以及具社會性反動思維的〈種樹〉。雖說是平常化且熟悉化，但它們的背後都有故事意涵，且若與較早期的客家流行歌曲比較，也是一種反常化且去熟悉化，而引人注目並令人接受與喜愛，也許這一類的流行符合大環境之下華語歌曲的市場，但對客家音樂來說，卻是注入不同的音樂風格。此外，文字的呈現也不再局限於老頭擺的鄉情，畢竟，客家語言文字、客家文化，也會隨著時代而變遷著。

羅文裕，〈放心去旅行〉[19]（收錄在《驚喜時刻》），此首是為當時桃園大園空難而做，同時也是客家電視台連續劇《出境事務所》探討生命、愛之主題曲，人生的出境有不同的形式，加上演唱者歌聲的療癒性，或許因為這些種種，賦予了旅行更具深意。在文學的創作上，往往內含哲理的美學價值，但不得不說，客家歌詞文字中，還是較少反映出具哲理性的美學意義，但也許，哲學之美並非客家詩、文學或歌詞中大體的特色。〈放心去旅行〉詞與旋律並沒有帶著沉重

---

19 羅文裕演唱、作曲、作詞；專輯獲得第29屆金曲獎最佳客語歌手獎。

的人生思維,但人生哲理的生命課題,卻能藉由非常普遍的文詞句子來呈現,無論從字面義或文字的組合來看,它都是常態或熟悉的,詞句表達的意涵其實離我們很近,就在生活的周遭,但旅行的意義卻被延伸得廣泛而深遠了,同時也反向操作著因「死亡」而顯示著人生的美麗。

最富詩意的客家音樂應莫過於謝宇威的〈花樹下〉[20],收錄在《一儕‧花樹下》,此張專輯也於2004年金曲獎入圍「最佳年度流行音樂專輯」、「最佳專輯製作人」、「最佳客語流行歌手」等三項大獎。〈花樹下〉由音與詞而帶領聽者進入一幅詩意滿滿的畫中,藉由對仗排比的詩句型,歌手的半吟半唱,加上渾厚遼闊的聲音,吟唱出一個美麗的故事,故事中有美麗的地名「花樹下」,開著「淰淰个花」,人在其中,花兒就「跌落你面前、跌落你肩背、跌落你腳下」,故事中還有著「一間藍衫店仔」、「一個老師傅」,以及「細妹仔」,內含了一個客家早期開墾的人文歷史故事,但不是沉重的回憶,而是美麗的詩篇。

林生祥的作品文字中,常反映出一種對社會性的反動思維,旋律或時而優緩平淡的〈種樹〉,或強烈吶喊的〈風神125〉。1999年首張專輯《我等就來唱山歌》是一張反美濃水庫興建的歌,也樹立了社會農民運動的歌曲代表,2001年再

---

20 謝宇威演唱、作曲,古秀如作詞,蔡昱姍編曲;獲第15屆金曲獎「最佳客語演唱人」獎,獲中華音樂人交流協會評為「華人百大專輯」。

出擊《菊花夜行軍》，當起花農的六萬六千枝菊花統領，北上陳情抗議，其中一首長達近十分鐘史詩般的〈風神125〉，到後來近乎歇斯底里無奈的吶喊、訴求到幾近無言的吶喊了，就是為了爭取勞工、農民、自然、環境的公平與正義。2006年《種樹》，依然為農民而發聲，訴說著在1990年後外出打拼的遊子，回鄉找尋出路，找出農村的生命力同時，也應找出自我生命存在的價值體系。又2013年因反污染、反五輕再出專輯《俚莊》，也是如此。在真實生活中，農民、勞工是被剝削的一群辛苦人，藉由音樂反映出來，卻是具有無比辛酸的時代社會諷刺之美，也許這樣的美不是甜美而完整的，但我們仍可跳脫真實生活中的不美，從另一角度來審視不完整的殘缺之美、遺憾之美，以及反映在現實生活、時代社會意義上令人感動的意境之美。

　　流行歌曲中呈現出來的語言文字，其本身也是藝術作品，抑或是藝術的再現。即便是音樂的意境，聽者領悟的能力各有所不同，若站在推廣、賞析的角度，往往也需透過文字語言帶出其意涵。

內含的客家民間文學之美

　　客家民間文學是在民間口耳相傳的一種親和力十足的俗文學，類型有許多，應用在流行音樂當中，常見的為童謠、小調、山歌等的融入。筆者認為，客家流行音樂在某一創作

的時期，或喜愛將民間文學中的傳統音樂應用在音樂創作之中，至於為什麼會如此？或有三點可能：一來這是象徵傳統與現代的結合，山歌、小調為傳統音樂，將其融入於現代流行音樂之中；二來近年來有大大小小的客家流行音樂創作比賽，若能結合傳統，或較能突顯並勝出；三來也和前兩點有關，那就是所謂的距離之美的問題，但距離之美在目前階段尚不能用在欣賞客家流行音樂之美。為什麼如此呢？

客家流行音樂在創作之初，似乎面臨若太跳脫客家文化傳統印象，或因反傳統而不被接受，也就是說，音樂創作若離原先的音樂風格太遠，也就是距離人的感覺過遠，反而往往讓人無法理解它的美，也就失去了美，畢竟，美在某一方面，由人來決定。因而需拉近距離，在流行之中放入傳統的山歌、童謠、小調等等，一來可拉近距離之美，二來可連結傳統與創新，三來可保有某種程度的客家老頭擺文化。

同樣的情形也出現在筆者的音樂融入式客語教學當中，學生初聽一首客家歌曲，若不懂歌詞，或有一種距離之美，但那是一種有距離式的模糊之美，當他們瞭解歌詞與歌詞意境之後，也就是將距離拉近之後，則通常會更加懂得欣賞客家歌曲之美。因而從另一觀點來看，距離之美，較無法應用在欣賞客家歌曲。曾有一歌手做過一街頭實驗，他將客家流行歌以聽眾不熟悉的客語演唱，但他卻在旁邊告知聽者他正在演唱的是一首韓文歌，結果受到聽者們的歡迎與喜愛；同一首歌的演唱，換另一場地，這次他在旁邊告知聽者他正在

演唱的是一首客家歌,結果聽者少,場面冷清。為什麼呢?只因聽者們對客語陌生、不熟悉、有距離,而這種距離是心理上的距離,弱勢的客語在臺灣生存著、生活著,但並不如時下較為風行的哈韓、哈日風。

　　流行音樂中融入的傳統之美,不單單是融入傳統,也使整首流行歌曲更加動聽。例如,聲音特質溫柔婉約的邱幸儀〈月光光〉[21](2014年獲高雄市第一屆客家流行歌曲創作亞軍,網路票選最佳人氣獎),整首曲風也是輕盈,歌詞意境具有濃濃的鄉情、兒時回憶,在歌詞的兩個地方巧妙融入客家童謠〈月光光〉部分詞「月光光,秀才郎」,以作為兒時的主題來陳述。客家民間童謠中,有許多版本的〈月光光〉,因而童謠〈月光光〉也是客家童謠的代表之一,流行歌曲的〈月光光〉,則配合著輕柔的鋼琴聲、嗓音、旋律、歌詞意境等,作者將童謠融入得恰到好處。

　　前面提及陳正航,其創作風格具有濃濃的臺客搖滾風格,結合佛道教、南北管、客語等不同民族元素的宗教民俗搖滾。通常電音與傳統小調,予人的感覺多半是衝突、對立、不合,但很特殊的一曲是〈流浪〉[22],陳正航將電音搖滾與傳統小調結合得唯妙唯肖,創作者先從客家傳統小調卻帶點電音的音樂與詞起始,「思啊思啊戀,真啊真思戀,打扮

---

21 邱幸儀演唱、作曲、作詞、鋼琴彈奏。
22 音樂人:神棍樂團;作詞:陳正航、陳德峻;作曲、編曲:陳正航。

啊劉三妹」,然後帶出現代音樂歌詞,「流離浪蕩个後背,在尋歌睏个城外,來去～留下孤單个最愛……」,流浪的背後是沉重的,在將近結尾時,「流浪啊～坐等毋轉來个車,𠊎係麼儕,這𠊎个命(一輩子流浪)」,帶點人生的哲理,卻似峰迴路轉,又以小調「思啊思啊戀,真啊真思戀,打扮啊劉三妹」結尾,卻一點也不唐突,具陽剛之美的臺客搖滾電音與具陰柔之美的客家小調,兩者結合起來,像是同時賦予客家流行音樂與小調新的音樂生命力。

在許多客家流行音樂創作當中,常出現一類情形:在現代的曲風中融入傳統客家獨有的「山歌」詞彙。例如,陳昇與寶島康樂隊〈有樂町人生〉(作詞作曲:黃連煜‧寶島康樂隊編曲:王繼康),陳昇以瀟灑的歌聲與旋律帶出「山歌」的歌詞:「山歌會來就緊唱,該講來人生無幾長」。顏志文與山狗大樂團〈山狗大〉,也是以生活的自在享受,唱出「唱山歌係佢个頭路,生活實在享受」,再如也是生活自在享受的〈𠊎教你唱山歌〉(詞曲/演唱:顏志文‧山狗大樂團),裡頭不僅有山歌、打採茶,也有相關的樂器名稱出現,並貫穿於整首歌曲當中,如「𠊎教你唱山歌,對半夜到天光;𠊎教你打採茶,唱過一山又一山;𠊎教妳打鑼鼓,咚咚嚨咚鏗咚鏘;𠊎教你鋸大弦,咿咿哦咿一二三」。林生祥〈種樹〉,則以生活中的環境、生態,緩緩唱出「種分南風吹來唱山歌」等。另如〈客家世界〉(詞曲:黃連煜,編曲:余大豪)中,「阿公啊挨弦仔,阿婆就來唱山歌」,這些歌曲都有「山歌」一詞,雖

然歌曲中聽不到真正的山歌曲調與歌詞,但也不失客家文化另一種呈現或保存、傳承的意義。

小結──音樂美學的生活化

如何將音樂美學生活化呢?音樂類的活動中,增強客語歌曲的曝光機會、各類媒體增加客語歌曲的播放率。尤其在一些客語歌謠得獎作品後,更應有一些行銷機制,讓大家來認識、賞析客語音樂。另外,透過客家音樂融入式的客家語言教學,從流行音樂學習語言,也不失為一個好方法。因為在語言教學時,學習者透過歌曲來學習標的語,這種教法對學生而言往往是相當具有成效的一種學習方式。在學習的過程當中,學習者不但學習到了語言,也學習到標的語族群的音樂、文化,及其對音樂、歌詞的鑑賞力。

反觀客家流行音樂,在未來,會走向何方?走向何種特色?還是只是華語翻做客語而已呢?除客語文字外,是否需內含客家文化呢?或以何種方法來呈現呢?各族群語言各有其富於歷史意涵的文化語詞,文化語詞所體現的或為族群的生活觀點、人生觀點,抑或具歷史社會環境的時代意義等等,然而,客家文化在時代的變遷當中,傳統與創新之間應如何拿捏呢?近年來筆者因教學而接觸到客家流行音樂,欣見客家流行音樂一直在進步、創新、多元化,也漸漸受年輕一輩的客家與非客家人所喜愛,甚至願意將歌曲下載於手機

當中，可見，客家流行音樂是好聽的，只是在現階段當中，能見度仍舊不夠。

　　本文站在弱勢族群中的客家，且又為流行音樂中的邊緣化，希望可以以不同於一般的學院式的音樂學角度來進行分析，並提供臺灣當代客家流行音樂有不同賞析的多元美學思考方向。大體上，本文認為臺灣當代客家流行音樂的平面性之美當中，並不具有典型的距離之美、反常之美、去熟悉化之美、哲理之美，但是，經由客家語言的聲調和諧之美、客與非客旋律和諧之美、語言形式與意境之美、內含的客家民間文學之美等，四項音樂成分的結構分析之後，或見出客家流行音樂美學的整體樣貌。雖然，內容反常化、去熟悉化是一種主觀的觀點，也似乎不屬於客家流行音樂典型的美學特質，但時代性的客家流行音樂往往就是一種「反常」，不斷的「反常」。

後記

人生，豁達一些吧！
不妨，停停腳步，享受一下客家生活美學。

「『吾乃奧西曼迭斯，萬王之王：
見吾蓋世豐功偉業，君縱勇武無雙，亦當喪膽！』
如今一切銷亡，巨大殘骸荒涼，
四周無邊無際，荒蕪淒涼，
唯餘平沙莽莽，綿延無限遠方。」
　　　　　　　　　　——雪萊，〈奧西曼迭斯〉

引用書目

文庭澍,2003,〈過與不及——英語教學的禁忌適當嗎?〉。敦煌英語電子教學雜誌。
方麗娜,2013,〈對外華語文詞彙教學的策略研究〉,《南師學報》。第37卷第2期,頁1-16。
王炘盛,2013,〈我見我思——談天賦「美感」〉。工商時報。
王毓芝等作,2018,《伯公伯公在哪裡?》。臺中:臺中市政府客家事務委員會。
江昀,2013,《米可魯:客語有聲書生命教育繪本》。桃園:華夏書坊。
江寶琴總編輯,2012,《童詩桐心畫客情:客家語童詩創作繪本》。苗栗:苗栗縣教育處。
朱乃長,2009,《英詩十三味》。臺北:書林。
朱光潛,1984,《文藝心理學》。臺北:臺灣開明。
朱光潛,2001,《西方美學史》。臺北:頂淵文化。
朱光潛編譯,1983,《論美與美感》。臺北:藝軒圖書。
克里斯特爾編,沈家煊譯,2000,《現代語言學詞典》。北京:商務印書館。
李澤厚,1996,《美學四講》。臺北:三民。
李貴盛企劃主編,2005,《幼幼客家:幼兒客語繪本》。桃園:桃園縣平鎮市客家公共事務協會發行。
束定芳,2000,《現代語義學》。上海:上海外語教育出版社,第1版。
吳明忠童謠原創,馮輝岳、徐兆泉客語編撰,2003,《幼稚園客語教材繪本》。臺北:行政院客家委員會。
吳秀貞撰,2015,「繪本融入戲劇活動的客語教學成效研究」。苗栗:聯合大學客家語言與傳播研究所碩士論文。
吳聲淼文、蔡詩偉圖,馮輝岳客語翻譯、黃奕珍英語翻譯,2005a,《大烏鳥仔》。新竹:新竹縣政府。

吳聲淼作、蔡詩偉圖，馮輝岳客語翻譯、趙瑞安英語翻譯，2005b，《烏雞孵生白卵》。新竹：新竹縣政府。

吳聲淼作、蔡詩偉圖，馮輝岳客語翻譯、趙瑞安英語翻譯，2005c，《掌花介細鳥仔》。新竹：新竹縣政府。

何恭上主編，馮作民譯文，1993，《中國美術史》。臺北：藝術圖書公司。

林仲屏文字，吳嘉鴻插畫，2004，《歡樂豬仔村·客國語版》。臺北：公共電視文化事業基金會。

林奕華總編輯，2017，《新北市本土語言創意繪本》。新北：新北市政府。

邱春美，2014，《文創開發：烏龜與蝴蝶》。屏東：六堆文化傳播。

邱雯琳，2022，「繪本融入客語主題教學之行動研究：以國小低年級學生為例」。桃園：國立中央大學客家語文暨社會科學學系客家研究碩士在職專班碩士論文。

客家委員會，2022，《110年度全國客家人口暨語言調查研究報告》。臺北：客家委員會編印。

桃園縣客家語教師協會編輯，2005，《挨礱皮波：客家兒歌繪本》。桃園：桃園縣客家公共事務協會。

烏衣行文字指導，許桓綺繪圖指導，方甯巧等繪圖，2016，《詔安客語繪本：細子細子講故事》。雲林：雲林縣政府。

徐拙能繪本設計，2011，《丁卯轉屋下：客家語四縣腔》。基隆：基隆市教育處。

許惠雯，2022，「客語繪本融入客語教學之學習成效探究」。屏東：國立屏東科技大學客家文化產業研究所碩士論文。

郭靜文 [文、圖]，羅月鳳譯，2018，《東勢鯉魚伯公：客語版（大埔腔）》。臺中：臺中市政府客家事務委員會。

教育部，2011，《教育部臺灣閩南語常用詞辭典》。線上版：http://twblg.dict.edu.tw/holodict_new/index.html

張彥遠（唐），毛晉（明）校訂，1992，《歷代名畫記，卷二》。臺北：廣文，再版。

張國文主編，1981，《客家山歌研究專集》。苗栗：苗栗縣立興華國民中學編印。

張捷明，2010a，《大目伯姆送信仔》。桃園：華夏書坊。

張捷明，2010b，《一隻蟻公同細鴨子》。桃園：華夏書坊。
張捷明，2012，《阿姆！阿姆！：客語有聲童詩繪本》。桃園：華夏書坊。
張捷明，2019，《阿姆～阿姆～天又落下來囉！》。臺北：唐山出版社。
張捷明，2020，《銀色个夢》。新北：遠景。
張捷明，2022，《十二隻鴨仔呱呱呱》。臺北：遠景。
張愛玲，1991a，〈紅玫瑰與白玫瑰〉，載於張愛玲著《傾城之戀》。臺北：皇冠，典藏版初版，1998年典藏版初版29刷。
張愛玲，1991b，〈傾城之戀〉，載於張愛玲著《傾城之戀》。臺北：皇冠，典藏版初版，1998年典藏版初版29刷。
陳美鈴等作，2011，《企鵝仰會歇到冰箱肚呢？：客家語四縣腔》。基隆：基隆市教育處。
馮輝岳，1996，《客家兒歌》。臺北：紅蕃茄。
馮輝岳，2012，《知母六與霄裡大池》。桃園：桃園縣文化局。
馮輝岳，2018，《大目珠：馮輝岳客語童謠創作集》。桃園：華夏書坊。
馮輝岳、徐兆泉客語編撰，劉錫華故事編撰，2003a，《細毛蟹》。臺北：行政院客家委員會。
馮輝岳、徐兆泉客語編撰，劉錫華故事編撰，2003b，《細兔仔》。臺北：行政院客家委員會。
馮輝岳、徐兆泉客語編撰，劉錫華故事編撰，2003c，《細燕仔》。臺北：行政院客家委員會。
馮輝岳、徐兆泉客語編撰，劉錫華故事編撰，2003d，《潾蛣》。臺北：行政院客家委員會。
馮輝岳、徐兆泉客語編撰，劉錫華故事編撰，2003e，《膨尾鼠》。臺北：行政院客家委員會。
曾仁德等作，2011，《三隻願望：客家語海陸腔》。基隆：基隆市教育處。
曾美玲總編輯；陳仁富，陳雅鈴主編，2015，《來一客：兒童客家文化繪本》。屏東：屏東縣政府，第2版。
曾美貞撰，2016，「資訊科技融入繪本教學對提升客語沉浸幼兒客語聽

說能力之成效」。高雄：義守大學資訊管理學系碩士在職專班碩士論文。

溫曼伶撰，2011，「資訊科技融入客語教學之研究：以五年級製作客語電子繪本為例」。苗栗：聯合大學客家語言與傳播研究所碩士論文。

黃美儀，2003，「漫遊與女性的探索──李永平小說主題研究」。國立政治大學中國文學研究所碩士論文。

彭歲玲，2017a，《雲火龍》。苗栗：苗栗縣政府。

彭歲玲，2017b，《蟻公莫拉侼：客華雙語童詩童畫》。臺東：臺東縣藝術人文三創協會。

彭歲玲，2018，《阿三妹奉茶》。臺東：臺東縣藝術人文三創協會。

彭歲玲，2019，《當打眼：細人仔狂想童話集》。臺東：臺東縣政府。

董崇選，1990，〈從「文學性」談語言與文學教學〉，第七屆全國英語文教學研討會論文。

漢寶德，2004，《漢寶德談美》。臺北：聯經。

廖沛林[文、圖]，劉鉉基總編輯，羅月鳳譯，2016，《東勢新丁粄：客語版(大埔腔)》。臺中：臺中市政府客家事務委員會。

廖沛林[文、圖]，羅月鳳譯，2018，《魯班爺爺在東勢：客語版(大埔腔)》。臺中：臺中市政府客家事務委員會。

臺北市政府客家事務委員會[編]，2003，《生趣介人公書：我的第一本客語繪本》。臺北：臺北市政府客家事務委員會。

管世璦文；蘇菲亞・劉圖，2016，《麼人帶倕轉屋下》。臺南：臺南市政府。

練秀美作；李惠娟圖，2003，《快樂介阿三頭》。臺北：臺北市客家事務委員會。

黎運漢、張維耿，1991，《現代漢語修辭學》。臺北：書林，第1版。

劉大杰，1979，《中國文學發達史》。臺北：中華書局。

劉宏基總編，2018，《臺中山城小旅行：沉浸式幼兒客語繪本》。臺中：臺中市政府客家事務委員會。

賴文英，2006，「客家山歌中的同音雙關」，客家民間文學學術研討會。桃園：國立中央大學。

賴文英，2009，〈打開視覺的窗：看見客家建築美學〉，《客家文化季刊》。春季號，頁20-22。

賴文英，2010，〈臺灣流行語構式類推的文化效應〉，《國文天地》。第26卷第5期，頁71-75。

賴文英，2013a，〈四海話與優選制約〉，《天何言哉：客家、語言、研究》，頁287-307，陳秀琪、吳中杰、賴文英主編。臺北：南天書局。

賴文英，2013b，《夜呱愛去哪？》。苗栗：桂冠圖書。

賴文英，2014a，〈我的繪本故事〉，《美育》。第200期，頁91-95。

賴文英，2014b，〈教學也可以很彩色〉，《美育》。第198期，頁59-65。

賴文英，2014c，〈從美學觀點談文學欣賞〉，《美育》。第201期，頁55-65。

賴文英，2015a，〈美的對話〉，《美育》。第205期，頁80-82。

賴文英，2015b，〈躲在田野鄉間的山牆馬背〉，《美育》。第208期，頁85-90。

賴文英，2016，〈繽紛客家‧新屋我庄〉，《桃園客家》。第6期，頁70-73。

賴文英，2017a，《荷塘生趣》【客、英、華語對照繪本】。桃園：編者。

賴文英，2017b，〈畫犬或畫鬼易？〉，《美育》。第215期，頁53-58。

賴文英，2018a，《荷花个故事》【客、英語對照知識性繪本】。新北：龍岡數位。

賴文英，2018b，〈速寫花的婉約〉，《美育》。第224期，頁93-95。

賴文英，2019a，《富與窮》(《有錢摎無錢》)(附客語四縣、海陸拼音)【華語、客語對照繪本】。桃園：編者。

賴文英，2019b，〈臺灣當代客家流行音樂初探：論結構上的平面之美〉，《臺北城市科技大學通識學報》。第8期，頁179-195。

賴文英，2020a，〈三七圳〉，《文學客家》。第42期，頁77-78。

賴文英譯，2020b，《老人同海》【客語四縣腔譯版】。桃園：編者。

賴文英，2020c，《行孝繪本：客語民間文學故事選》。桃園：編者。

賴文英，2021a，《初級客語講義》。桃園：編者，增訂三版。

賴文英，2021b，「客語繪本的創作與應用：兼談在地繪本的開發」，臺中客家文化研討會暨古國順教授紀念論壇。臺中：靜宜大學。

賴文英，2022a，《花繪花語：靚靚个花》【客語詩文繪本集】。新北：龍岡數位。

賴文英，2022b，〈海洋客家文化〉，《客家學院電子報》。第398期。

賴文英，2023a，《大海裡肚有麼个？》【海洋生態教育繪本】。新北：龍岡數位。

賴文英，2023b，「生態美學融入客語繪本情境對話式教學研究」，第八屆臺灣客家語文學術研討會。桃園：國立中央大學。

賴文英，2023c，〈環扣鏈結策略與客語繪本共讀淺談〉，2023寓藝非凡藝術教育的承先啟後研討會。新北：國立臺灣藝術大學藝術與人文教學研究所。【5月26日】。後收錄於會後論文集《2023寓藝非凡：藝術教育實踐的承先啟後研討會論文集》，頁56-68。新北：國立臺灣藝術大學藝術與人文教學研究所。

賴文英，2024，「詞彙語法結合主題性客家文化教學策略研究」，第十四屆「客家文化傳承與發展」學術研討會。桃園：新生醫護管理專科學校。

謝螢萱，2017，「透過繪本認識客家文化──客家兒童繪本中的視覺圖像表現研究」。臺中：臺中科技大學商業設計系研究所碩士論文。

鍾玖英，2002，〈雙關類型初探〉，《中國語文》。第4期，頁58-71。

鍾理和文，黃淑英圖，2012，《繪本菸樓》。高雄：高雄市政府客家事務委員會。

羅可群，2000，《客家文學史》。廣州：廣東人民出版社，第1版。

羅肇錦主持，2004，「客話山歌歌詞蒐集編纂」研究計劃。臺北：行政院客家委員會。

羅肇錦主持，2005，「整理客話山歌歌詞及民間故事收集編纂」研究計劃。臺北：行政院客家委員會。

豐子愷，1989，《豐子愷論藝術》。臺北：丹青圖書。

Hemingway, Ernest. 1995. *The Old Man and the Sea.* 南京：譯林出版，2005年重印。

Holmes, Janet.(2001). *An Introduction to Sociolinguistics*. (2nd). Harlow, English: London.

Marvin, Niki (producer) & Frank Darabont (director and writer). 2001. *Shawshank Redemption*. (Available from Castle Rock Entertainment, Burbank, Calif.: Warner Home Video; Taipei: Wei Han)

Pustejovsky, James. 1995. *The generative lexicon*. Cambridge, Mass.: MIT Press.

Richards, Jack C, John Platt & Heidi Platt. 1998.《語言教學及應用語言學辭典》。香港：朗文。

de Saussure, Ferdinand. 1956. *Course in general linguistics*. New York: McGraw-Hill.

Stevens, Wallace. 1923. Sunday Morning. Selected in *The Collected Poems of Wallace Stevens*. New York: Knopf, 1954.

Wenzel, Christian Helmut著，李淳玲譯，2011，《康德美學》。臺北：聯經。

圖1 工筆荷花（賴文英繪本《荷塘生趣》局部）

圖2 速寫荷花（賴文英繪）

圖3 速寫荷花與蜻蜓（賴文英繪）

圖 4　速寫盛開之金針花（賴文英繪）

圖 5　速寫小花與飛舞的蝴蝶（賴文英繪）

圖6　夜鷺 2013 國畫（賴文英繪本《夜呱愛去哪？》局部）

圖7　鶲鶯 2013 國畫（賴文英繪本《夜呱愛去哪？》局部）

圖8 臺灣藍鵲 2013 國畫（賴文英繪本《夜呱愛去哪？》局部）

圖9 圓形似金幣的金形馬背

圖10 曲線似水波的水形（右）、直立似木形（中）、銳角似火焰的火形馬背（左）

圖 11　曲線似水波的水形馬背

圖 12　銳角似火焰的火形馬背

圖 13　似方形平的土形馬背但實為銳角似火焰的火形馬背

圖 14　銳角似火焰的火形馬背、山牆上葫蘆式的吊掛懸魚

圖15 錢幣式/鏡子式的吊掛懸魚、鳥踏及銳角似火焰的火形馬背

圖16 花籃式的吊掛懸魚、鳥踏及銳角似火焰的火形馬背

圖17 平民式的風馬歸（前中）、銳角似火焰的火形（右後）、曲線似水波的水形馬背（左後）

圖18 銳角似火焰的火形（右1、3）與曲線似水波的水形馬背（右2）

圖19 燕子尾巴造型的燕尾

圖20 新屋自行車道

圖21 新屋自行車遊集景

圖22 黃色小鴨在新屋陂塘

圖23 三七圳之楊梅段之一

圖24 三七圳之楊梅段之二

圖25 生態工法整治之三七圳新屋段

圖26 三界爺（主祀）與曾茂公（左下）

圖27 石塭仔（石滬）
（賴文英繪本《大海裡肚有麼个？》局部）

圖28 蚵硓石（藻礁）
（賴文英繪本《大海裡肚有麼个？》局部）

國家圖書館出版品預行編目（CIP）資料

客家美學散論 = Essays on Hakka aesthetics / 賴文英著. -- 初版. -- 桃園市：國立中央大學出版中心；臺北市：遠流出版事業股份有限公司, 2025.06
面；　公分
ISBN 978-986-5659-78-3（平裝）

1. CST: 客家　2. CST: 美學　3. CST: 文化研究　4. CST: 文集

536.21107　　　　　　　　　　114005266

客家美學散論

著者：賴文英
圖片提供：賴文英
執行編輯：王怡靜
總編輯：蔣竹山

出版單位：國立中央大學出版中心
　　　　　桃園市中壢區中大路 300 號

　　　　　遠流出版事業股份有限公司
　　　　　台北市中山北路一段 11 號 13 樓

發行單位／展售處：遠流出版事業股份有限公司
地址：台北市中山北路一段 11 號 13 樓
電話：(02) 25710297　傳真：(02) 25710197
劃撥帳號：0189456-1

著作權顧問：蕭雄淋律師
2025 年 6 月 初版一刷
售價：新台幣 400 元

如有缺頁或破損，請寄回更換
有著作權‧侵害必究 Printed in Taiwan
ISBN 978-986-5659-78-3（平裝）
GPN 1011400444
YL■遠流博識網　http://www.ylib.com　E-mail: ylib@ylib.com